그래도 오늘이

그래도 오늘이

2011년 11월 27일 1판 1쇄 발행

지은이 · 최제영 | 발행인 · 이선우
펴낸곳 · 도서출판 선우미디어
등록 | 1997. 8. 7 제300-1997-148호
110-070 서울시 종로구 내수동 75 용비어천가 1435호
☎ 2272-3351, 3352 팩스: 2272-5540 sunwoome@hanmail.net

값 10,000원

ISBN 978-89-5658-294-8 03810

그래도 오늘이

최제영 수필집

선우미디어
sunwoomedia

사랑과 삶의 향기를 담은 옥동자

이 명 재
(문학평론가, 중앙대 명예교수)

2011년을 마무리하는 결실의 계절에 펴내는 최제영 님의 첫수필집 상재를 진심으로 축하합니다. 근래 여러 해 사이에 틈틈이 써서 발표해온 50편은 지은이가 손수 겪어온 삶의 자취와 호흡이 담긴 주옥편들입니다. 과거와 오늘의 마음이나 삶을 잇는『그래도 오늘이』는 그만큼 지은이의 사랑과 체취에 삶의 향기가 점철된 분신 같은 옥동자라 싶습니다.

지은이와 필자는 지난 세기말 무렵 이래 10여 년을 이음새 에세이문학회에서 자주 만나 수필문학을 논의하며 작품합평을 함께 해 왔습니다. 최제영 님이 ≪에세이문학≫으로 데뷔할 전후부터 실로 강산이 바뀔 연륜을 문학으로 가꾸어온 서로의 인연은 뜻깊다 하겠습니다. 그래서 필자는 이 수필집 출간을 기뻐하며 덕담삼아 참고의 말을 전합니다. 자세한 작품세계는 이정림 사백께서 평설하실지니 필자는 축사로 대신합니다.

우선, 우리가 흔히 지칭하듯 박물학자 뷰퐁의 말처럼 '글은 곧 사람이다'라는 말이 떠오릅니다. 수필은 으레 자기 개성과 삶을 드러내는 문학 장르인 만큼 더욱 그렇기도 합니다. 최 사백의 글에는 그 자신의 아픈 가족사 속에서 갖은 시련을 이겨낸 기다림과 내핍과 절제가 몸에 배인 인품으로 드러나 보입니다. 한국전란 때 가장을 잃고 홀로된 어머니 밑에서 여섯 남매가 살아가는 지혜와 체험이 생생합니다.

다섯 해 동안을 하루도 거르지 않고 납북돼간 부군의 저녁진지를 담아놓고 오십 년 긴긴 세월을 기다리다 살다간 어머니. 그 밑에서 올곧게 모범생으로 자라나야 하는 딸로서, 언니로서의 모습이 선합니다. 그래서 명문학교들을 통한 엘리트코스를 거쳐서 어엿한 삶을 영위해온 자태가 드러나 보입니다. 어쩌면 냉담하지만 유머감각 넘치고 조신한 인품이 그대로 이해되고 남습니다.

작품들 가운데는 3·1운동 나던 해 개성에서 태어난 열세 살 동갑내기 부부로, 서울에서 살아온 부모께서 보고 배운 신구문물과 풍습의 조화도 눈길을 끌고 있습니다. 혼수품 반닫이와 방짜동이, 항라고쟁이뿐만이 아닙니다. 어머니와 함께한 창호지 바르기와 밤 야식으로 남매들의 허기를 달래주던 식혜 맛 등은 스러져가는 옛 풍물로서 향수를 자아냅니다.

또한, 불문학을 전공한 최 사백 자신과 천문학 전공교수인 부부의 해외체험기 또한 흥미롭습니다. 동서 문화가 만나는 터키 기행과 벼랑 위의 스리랑카 궁전이나 체코 프라하에서 만난 사람 등은 이색적입니다. 그런가하면, 동존상잔의 피비린내 나는 현장이던 덕수궁의 돌담길, 레드 콤플렉스 등은 역사적 고발로서 아프게 다가옵니다. 뿐만 아니라 아직도 문학소녀의 감정을 되살린 만년 젊은이 감성에다 가끔은 인생관조의 자태를 보여 다양한 모습이 선연해 좋습니다.

하지만 문학의 동지로서 최 사백께 바라는 바를 하나 주문하고 싶은 바가 있습니다. 그건 이제 이전의 내핍과 절제를 벗어나서 더 활달한 글쓰기에 임했으면 좋겠다는 것입니다. 홀어머니 밑에서 내핍과 절제에 짓눌려 지내던 학생시절에 뚝섬에 가서 신나게 물놀이하던 경우를 돌이켜 봅시다. 여태 골똘한 삶을 영위해 왔으니 첫수필집도 펴낸 이제부터는 보다 자유롭게 마음껏 기를 펴고 생활할 때입니다. 특히 글쓰기에서는 어느 정도 일탈의 여유와 새로운 시도가 거듭난 창작에 활력소가 되는 것으로 알고 있습니다.

내내 건승한 가운데 최제영 사백께서 좋은 글 자주 써서 독자들과 더 친숙한 대화를 많이 나누길 바랍니다.

책을 내면서

막차에 간신히 올라탄 기분으로 시작한 수필이었습니다. 멀고도 험난한 이 여정을 시작한 지도 어느덧 강산이 변한다는 세월이 지나갔습니다. 이 길로 들어서지 않았더라면 지금 쯤 내가 어디를 헤매고 있을까 생각하곤 합니다.

글을 쓰면서, 한 발짝 물러선 방관자의 자세로 세상을 바라보던 시각이 관심과 애정을 갖고 들여다보는 깨어있는 눈으로 바뀌는 것을 감지하게 되었습니다. 일상에서 스치듯 지나치던 작은 것들조차 새로운 모습과 의미로 다가오기 시작했습니다. 그러자 살아있는 모든 것에 대한 경외감으로 머리를 숙이게 되고 내가 살아있음이 축복임을 깨닫게 되었습니다.

흩어져 있던 글들을 책 한 권으로 묶어 내놓으려 하니 마치 알몸으로 세상으로 나가는 듯한 느낌에 멈칫거리게 됩니다.

이 책이 나오기까지 크나큰 지도와 도움을 주신 이명재 교수님과 이정림 선생님께 깊은 감사를 드립니다. 그리고 저를 수필의 세계로 이끌어 주었을 뿐 아니라 두 분 선생님을 만나게 해준 구자숙 문우에게 진심으로 고맙다는 말을 전하고 싶습니다. 또한 산영회, 이음새 문우들과 책을 예쁘게 만들어주신 이선우님께도 감사 인사드립니다.

2011년 세모

저자 최제영

최제영 수필집

그래도 오늘이

| 차례 |

축하의 글 이명재 …… 5

책을 내면서 …… 8

이정림 최제영 수필집 《그래도 오늘이》를 읽고》 …… 235
존재하는 모든 것에 대한 감사

| 1부 | 프라하에서 만난 사랑

어머니의 반닫이 …… 16
잊을 수 없는 거짓말 …… 20
우주만큼 사랑해 …… 24
다시 돌아오지 않는 계절 …… 28
프라하에서 만난 사랑 …… 32
수제비가 된 식물도감 …… 36
사랑방은 사라지고 …… 40
참 고맙구려 …… 44
방짜동이 …… 49
다름의 미학 …… 54

| 2부 | 카라꽃 한 다발

이별 60
카라꽃 한 다발 65
고릴라 '벤티' 69
그래도 오늘이 73
덕수궁 돌담길 77
東과 西가 만나는 곳 82
탑돌이를 하며 87
밥이나 같이 먹지 91
살맛나는 세상 96
고장 난 눈물샘 100

| 3부 | 아직은 젊다

항라 고쟁이 106
산사에서 만난 예수 111
예순네 살이 되어도 116
뚝섬에서 여름을 120
빌 데가 있어서 좋아 124

아직은 젊다 …… 128
아름다운 침묵 …… 132
레드 콤플렉스 …… 137
만년 젊은이 …… 141
쪽진 성모상 …… 145

| 4부 | 별을 지키는 남자

지름길 찾기 …… 150
창호지 바르던 날 …… 154
별을 지키는 남자 …… 159
기다림 …… 163
얼굴에 대하여 …… 167
부부 싸움 …… 171
노을 속으로 달려가던 아이 …… 175
멈춰 선 괘종시계 …… 179
손끝으로 오는 것 …… 184
벼랑 위의 궁전 …… 188

| 5부 | 밥벌이와 밥하기

어둠 속을 달리던 전차 …… 194
밥벌이와 밥하기 …… 198
남편보다 낫다 …… 202
중공군과 쌀자루 …… 206
양말을 깁던 날 …… 210
전업 주부가 꿈이라고? …… 214
프리지어를 안은 여인 …… 219
약속해 …… 223
불로문(不老門) …… 227
편지 없는 우체통 …… 231

1부

프라하에서 만난 사랑

어머니의 반닫이 | 잊을 수 없는 거짓말
우주만큼 사랑해 | 다시 돌아오지 않는 계절
프라하에서 만난 사랑 | 수제비가 된 식물도감
사랑방은 사라지고 | 참 고맙구려 | 방짜동이 | 다름의 미학

어머니의 반닫이

밖에는 겨울을 재촉하는 비가 내리고 있다. 은행나무에 매달려 있던 잎사귀들이 유리창에 날아와 붙는다. 따끈한 차 한 잔으로 스산해지려는 마음을 달래 볼까 하다가 오랫동안 벼르기만 했던 반닫이 장식이나 닦아야겠다고 생각을 바꾼다. 요즘은 광택제를 쓰니 기왓가루로 닦던 예전에 비하면 힘든 일도 아닌데, 수십 개나 되는 백동 장식을 닦는 일은 여전히 내게는 큰일이다.

어머니가 열세 살에 시집오실 때 가져왔다는 반닫이는 당신의 세간 중에서 내가 제일 탐내던 것이었다. 그 반닫이가 막냇동생의 손을 거쳐 내 거실에 자리 잡은 지가 벌써 십수 년이 지났건만, 장식이 너무 번쩍거리면 골동품다운 운치가 없어진다는 핑계로 지금껏 두어 번밖에는 닦지 못했던 것이 늘 마음에 걸렸었다.

시집가는 딸의 혼수로 외할아버님이 특별히 주문해서 만들어 주신 것이라고 하며 생전의 어머니는 이 반닫이를 애지중지하셨다. 반닫이는 보통 소나무나 괴목으로 만들지만, 어머니의 반닫이는 보기 드물게 화류로 만든 것이어서 더욱 값져 보였다.

어릴 때 어머니가 반닫이를 활짝 열어 놓고 이것저것 꺼내실 때면 늘 거기에서는 향기로운 냄새가 났다. 복숭아 모양의 작은 비단 사향 주머니에서 나는 냄새였다. 그 향내를 맡으며 나는 어머니 옆에 쪼그리고 앉아서 마치 보물찾기나 하는 듯이 다음에는 무엇이 나올까 가슴을 두근거리며 지켜보았었다.

반닫이 속에는 예쁘게 수놓인 염낭이며 수젓집, 어머니가 혼례날 썼던 족두리와 동갑이신 아버지가 어렸을 때 썼던 복건 따위가 가득했다. 그리고 노리개나 반지, 뒤꽂이 같은 자질구레한 패물들이 작은 주머니와 상자 속에 들어 있었다. 나는 이것저것 만져 보기도 하고 끼어 보기도 하면서 깜찍하게도 다음에 내가 크면 이 중의 몇 개는 나를 주시겠지 하는 생각을 했었다. 어린 나에게 어머니의 반닫이는 보물 창고나 다름없었다.

6·25전쟁이 일어나고 한 달쯤 지났을까, 어느 날 아침 인민군 장교를 앞세운 남자들이 우리 집으로 우르르 들이닥쳤다. 나는 그 사람들이 무서워 얼른 막냇동생을 업고 밖으로 나갔다. 한참 후에 우리 집 쪽을 보니, 그들과 함께 걸어가시는 아버지의 뒷모습이 보였다. 놀라 얼른 집으로 뛰어 들어가서 엄마를 부르며 안방 문을 열었다. 그 순간 가슴이 무너져 내리는 것 같았다. 방안은 온통 난장판이 되었고 반닫이 문은 활짝 젖혀진 채 그 속에 있던

물건들이 방바닥에 나뒹굴고 있었던 것이다. 그리고 그날 이후로 아버지는 영영 돌아오시지 않았다.

그 후 어머니는 가끔 반닫이를 열어 놓고 이것저것 들었다 놓았다 하면서 돈이 될 만한 물건을 찾으셨다. 어머니가 반닫이에서 물건 몇 가지를 들고 나갔다가 들어오신 날에는 으레 밥상에 새로운 반찬이 하나 더 올랐다. 이렇게 해서 얼마 가지 않아 텅 비어버린 반닫이는 더 이상 내 보물 창고가 아니었다. 그저 이불 호청 같은 것을 넣어두는 보통의 궤가 되어버린 것이다.

그래도 어머니는 일 년에 두어 차례는 반드시 반닫이 장식을 닦으셨다. 기와 조각을 쇠절구에 콩콩 찧어서 곱게 빻아지면 그것을 체에 쳐서 가루를 내고, 그 가루를 물기가 조금 있는 헝겊 조각에 묻혀 장식을 닦으셨다. 어머니의 반닫이는 유난히 장식이 많아서 내가 고등학생이 된 다음에는 나에게도 몇 개 닦아보라고 하셨는데 결코 쉬운 일이 아니었다. 아무리 조심을 해도 손이 빗나가 장식 가장자리가 허옇게 벗겨지곤 했다.

그 옛날 어머니는 말없이 반닫이의 장식을 문지르며 무슨 생각을 하셨을까. 오래 쓰지 않아 뿌옇게 먼지가 앉은 거울을 닦듯이 흐릿해 가는 지난날의 장면들을 떠올리지 않으셨을까. 도시락 싸서 학교에 보내던 개구쟁이 꼬마 신랑이 사각모에 검은 망토를 휘날리는 의젓한 대학생으로 변하여 돌아오셨던 때의 아버지를 생각하셨을까. 아니, 어머니의 소꿉친구들은 모두 신랑을 '신여성'에게 빼앗겼어도 당신만은 힘겹게 지켜내셨는데, 분단이라는 민족적 비극 속에서 반항도 몸부림도 한번 해보지 못하고 어이없이 빼앗겨 버린 아버지가 돌아오시기만을 빌고 또 빌지 않으셨을까.

어머니가 영영 떠나시고 난 이 가을의 끝자락에서 내가 예전에 미처 몰랐던 어머니의 아픔이 잔잔한 파도로 가슴에 밀려든다. "너희 아버지가 납북되신 후에 어린 너희들 데리고 살아가야 할 걱정 때문에 한 번도 울어보지 못했다."고 하시던 어머니의 그 말씀이 명치끝에 매달린다. 두 살짜리 막내까지 육 남매를 데리고 살아가야 할 현실 앞에서 눈물은 아마 사치였으리라. 그토록 꿋꿋하시던 어머니, 태산같이 느껴지던 어머니가 바스러질 듯 작아진 모습으로 다가온다.

어머니는 가셨어도 반닫이는 내 곁에 남아 있다. 그리고 내가 간 후에도 반닫이는 남아 있으리라. 하지만 어머니의 손때가 묻어 있고 향기로우면서도 쓰라린 내 유년의 추억이 담겨 있는 이 반닫이의 의미와 소중함을 내 자식이 얼마만큼이나 알 수 있을지. 훗날 며느리가 오늘 내가 닦고 있는 이 장식을 시외할머니와 시어미를 생각하며 정성스레 닦아주기를 바란다면 지나친 욕심일까.

(2001.)

잊을 수 없는 거짓말

아들아이가 세 돌이 채 되기 전, 나는 미국에서 큰 수술을 받고 10여 일 동안 입원한 적이 있었다. 수술 후에 통증이 심해서, 진통제를 맞고 잠이 들었다가 잠시 정신이 들어 깨어났다가는 또 다시 잠에 빠지고 하는 비몽사몽의 상태로 2, 3일을 지냈다. 남편은 직장 일과 아이 때문에 하루 한 번 잠시 왔다가 돌아가곤 했다. 외국에서, 그것도 내가 사는 고장이 아니고, 전문의를 찾아서 다른 도시에 가서 수술을 받았으니 찾아오는 사람이 있을 리가 없었다.

내 옆 침대에는 20여 년 전에 우크라이나에서 이민을 왔다는 아주머니가 누워 있었다. 내가 수술을 받기 전날 아주머니는 무료했던지 생면부지의 나에게 이런저런 이야기를 꺼내 놓았다. 미국에 와서 재봉사인 남편을 만났다면서 이민 와서 고생한 이야기와 자녀들에 대한 이야기를 했다. 아마도 내 모습이 이민 초기의 자기 모습을 떠올리게 했던 것이 아니었나 싶다.

수술을 받은 다음 날이었다. 내가 잠에서 깨어나자 아주머니는 뜻밖의 말을 했다. "당신 어머니의 친구 두 분이 찾아오셨는데, 당신이 자고 있어서 그냥 돌아가셨다우. 내일 다시 찾아오겠다고 했어요." 어머니의 친구들이라니 미국의 볼티모어라는 도시에 내가 알지 못하는 어머니의 친구가, 그것도 두 사람이나 있을 리가 없었다. 게다가 내가 수술 받은 것을 어찌 알고 병원으로 찾아오셨는지 참으로 믿을 수 없는 말이었다.

어찌 된 영문인가 고개를 갸웃거리다가 문득 가슴이 찡해옴을 느꼈다. 보살펴 주는 사람은커녕 찾아오는 사람도 하나 없이 하루 종일 혼자 누워 통증과 싸우고 있는 내가 얼마나 보기가 딱하고 안쓰러웠으면 아주머니가 그런 말을 지어냈을까 하는 생각이 드는 것이었다. 한 병실에 있으면서 내 아픔을 조금이라도 다독여주기 위해서 뭔가 하고자 애쓰는 아주머니의 그 마음이 한없이 고마웠다.

그러자 어머니에 대한 그리움이 봇물이 터지듯 걷잡을 수 없이 밀려왔다. '어머니가 가까이 계시다면 얼마나 지성껏 돌봐주실까. 내가 이렇게 혼자 누워 있는 것을 아시면 얼마나 가슴 아파하실까.' 그때까지 꿋꿋하게 버티고 있던 내 굳은 마음이 장마철에 축대가 무너지듯 와르르 허물어지는 것이었다.

베개를 적시던 눈물은 오열로 바뀌고 말았다. 아주머니가 내

어깨를 토닥이며 "그분들이 내일 다시 오겠다고 했으니 꼭 오실 거유."라고 하면서 나를 달랠수록 내 울음은 막무가내로 더욱 거세지고 말았다.

한여름에 아기를 낳고 서툰 손으로 갓난아이를 목욕시키면서 땀방울과 눈물방울이 함께 목욕물 위로 빗물처럼 쏟아지던 일, 남편과 말다툼을 하고 나서 갈 곳이 없어 거리를 맴돌던 일 따위들이 떠올랐다. 부모 형제를 떠나 머나먼 이국땅에서 살며 견뎌내야 했던 외로움이 새삼 집채 같은 파도가 되어 나를 삼켜버릴 듯이 밀려왔다.

얼마를 그렇게 울었을까, 문득 터무니없는 말로나마 나를 위로해 주려는 아주머니의 살뜰한 마음이 오히려 내 쪽에서 안쓰럽게 느껴졌다. 불현듯 내가 그를 안심시켜야 되겠다는 생각이 들었다. 우리 두 사람의 입장이 뒤바뀌는 묘한 현상이 일어난 것이다.

'괜찮아요, 그렇게 마음 쓰지 않아도 난 잘 견뎌낼 수 있어요.' 하며 그를 위로하고 싶었다.

나는 그의 거짓말을 짐짓 참말로 받아들이는 듯이 행동하면서 잠시 착각에 빠지기도 했다. 정말 내가 알지 못하는 어머니의 친구가 오셨던 것은 아닐까. 하지만 그런 일은 있을 수 없었다.

나는 잠이 든 체 눈을 감고 많은 생각을 했다. 이 세상에 이런 마음도 있구나. 남의 고통을 차마 그냥 보아 넘기지 못하는 마음, 어떻게 해서라도 그리고 무엇으로라도 남의 아픔을 덜어주지 않고는 배기지 못하는 마음, 하다못해 어이없는 거짓말로라도 쓰다듬어 주고 싶어 하는 마음. 사실 이런 살가운 정은 부모형제나 가까운 친지들에게서나 오가는 것이 아닌가.

불가에서는 옷깃만 스쳐도 인연이라고 했다. 그러고 보니 한 병실에 나란히 누워 있다는 것 자체가 큰 인연이 아닌가. 피부색이 희든 검든 다른 사람에게로 향하는 마음이 이처럼 따뜻할 수 있다는 사실이 커다란 감동으로 다가왔다.

다음 날 잠에서 깨어 눈을 떠 보니 옆 침대는 비어 있었다. 아주머니는 퇴원하신 모양이었다. 그는 인사말 한마디 없이 떠났지만 그 빈자리에서 곤히 잠든 나를 깨우지 않으려고 조용히 떠나 간 아주머니의 속내를 읽어낼 수 있었다. 겨우 나흘 동안 한 병실에 누워 있었지만 아주머니는 따뜻한 가슴 한 자락을 내게 주고 가신 것이다.

그 후로 몸이 아파 혼자 누워 있을 때면 가끔 그 아주머니가 생각나곤 했다. 그때 고맙다는 인사 한마디 변변히 하지 못한 것이 못내 아쉬움으로 남아 있다.

어느 누구에게 그이처럼 살뜰한 가슴 한 자락을 내어 준 적이 있었는지 나 자신에게 물어본다.

(2004.)

우주만큼 사랑해

아이는 두 팔을 쳐들어 넓게 벌리며 "우주만큼이요."라고 말한다. 할아버지를 얼마만큼 사랑하느냐는 남편의 물음에 네 살짜리 손녀가 그렇게 대답하는 것이다. 나는 의외의 대답에 순간 놀랐다. '하늘만큼'이라든가 '하늘만큼 땅만큼' 이라는 어린애다운 대답을 예상하고 있었는데 '우주'라는 말이 고 작은 입에서 나오다니. 과학의 세례를 받으며 살고 있는 21세기의 아이다운 말이라고나 할까.

어쨌든 대견하고 사랑스러워 나는 손녀의 두 어깨를 감싸 안았다. 뭔지는 몰라도 '우주'라는 것이 엄청나게 큰 거라는 사실을 어린이집에서 배운 모양이다. 이번에는 내가 짓궂게 반문했다. "우주가 얼마나 큰데?" 아이는 그런 걸 왜 묻느냐는 듯한 표정을 지으며 "우주만큼이요." 한다.

우주는 얼마나 클까? 별들이 총총한 밤하늘을 바라보며 우리는 우주의 크기를 상상해 보기도 한다. 하지만 아마도 우주는 인간의 사고의 한계를 넘어서는 무한대의 공간이리라. 그 크기를 실제로 알 수도 없고 말로는 설명조차 할 수 없는 우주를 '우주만큼'이라는 말이 아닌 다른 말로 어떻게 설명할 수 있을까.

얼마만큼 사랑하는지를 어느 누구인들 한마디 말로 표현할 수 있겠는가. 더구나 네 살짜리 어린애가 어찌…. 예로부터 인간이 만들어낸 그 많은 문학 작품들이 모두 사랑을 다루고 있다고 해도 지나친 말이 아닌 것을. 인류의 역사가 계속되는 한 사랑을 주제로 하는 글이 끊임없이 나올 것이다. 그 많은 훌륭한 작가들이 수없이 많은 낱말을 동원해 묘사해도 모자라는 사랑을 어린아이의 말로 설명하라고 강요하고 있는 어른이 얼마나 어리석은가.

서기 79년에 베수비오 화산 폭발로 화산재에 파묻혀 사라졌던 폼페이의 건물 벽에는 낙서가 많이 남아 있다. 그런데 낙서의 주제 중 제일 흔한 것이 사랑에 관한 것이라고 한다. 동서고금을 막론하고 우리 인간의 삶에서 가장 중요한 것은 사랑인가 보다.

미국 뉴욕의 월드트레이드센터를 무너뜨린 9·11 참사에서 2,800여 명이 목숨을 잃었다. 두 번의 충돌로 거대한 건물이 무너져 내리는 아비규환 속에서 멜리사는 샌프란시스코에서 잠들어 있는 남편에게 휴대전화에 문자 메시지를 남겼다. "내가 당신을 사랑한다는 것과 뉴욕의 이 빌딩에 내가 갇혀 있다는 것을 당신에게 알려주고 싶어요. 여긴 연기로 가득해요." 다른 모든 사람들도 마지막으로 남기려 했던 말은 “사랑한다.”였다고 한다.

자살하는 사람이 많은 태종대에, 아이를 꼭 껴안고 있는 모자상(母子像)을 세워 놓은 후로 자살자의 수가 줄었다고 한다. 까마득하게 내려다보이는 파도 속으로 몸을 날리려는 찰나에 자신을 이 세상에 존재하게 해준 어머니를 떠올리게 한 것이다. 절망의 벼랑 끝에서 손짓하는 죽음의 유혹을 물리치게 하는 엄청난 위력을 지니고 있는 것이 어머니의 사랑이다.

손녀는 우주만큼 사랑한다고 말했지만 나는 차라리 ‘사랑은 우주만한 것’이라고 말하고 싶다. 모든 것을 다 수용할 수 있는 무한대의 포용력을 가진 것이 사랑이 아닐까. 무엇이든 다 담을 수 있는 넓디넓은 품이 사랑이다. 배고픈 사람을 배부르게 할 수 있고, 의사에게서 사형선고를 받은 환자를 살려내기도 하고, 부모를 배반하고 집을 나가 전 재산을 탕진하고 알거지가 되어 돌아온 자식을 품어 안을 수도 있다. 뿐만 아니라 자식을 죽인 원수를 용서할 수도 있고, 내 땅을 짓밟고 약탈한 적을 고향으로 돌려보낼 수 있는 것이 사랑이다. 사랑은 모든 것을 다 끌어안을 수 있는 힘이며 신비스러운 능력이다.

사랑이란 그토록 장엄하기만 한 것일까. 미국의 한 일간지에 실린 칼럼에 “사랑이란 무엇이라고 생각하느냐”는 질문을 받은 어린이들이 대답한 것을 보면 그렇지도 않은 것 같다.

“엄마는 아빠가 마실 커피를 만들 때 아빠에게 드리기 전에 맛이 있나 보려고 먼저 한 모금 맛을 보거든요. 그게 사랑이에요."

"사랑이란 피곤한데도 미소를 짓도록 만드는 것이죠."

"우리 할머니는 관절염을 앓고 계시기 때문에 허리를 구부리고 발톱을 깎지 못하세요. 그래서 할아버지가 할머니 발톱을 깎아주시거든요. 할아버지도 관절염 때문에 손이 아프신데. 그게 사랑이에요."

"사랑이란 엄마가 닭고기 중에서 제일 맛있는 부위를 아빠한테 드리는 것이에요."

"하루 종일 강아지를 집에 혼자 두었는데도 집에 가면 달려와 내 얼굴을 핥는 것."

"아빠가 땀 냄새를 풍기는데도 엄마가 아빠에게 '당신은 로버트 레드포드보다 더 멋있어요.' 라고 말하는 것."

천진난만한 어린이들이 생각하는 사랑의 이런저런 모습을 보면 매일매일의 우리 삶이 사랑이라는 것을 깨닫게 된다. 19세기 영국 작가 새뮤얼 버틀러가 말한 것처럼 '살아가는 일은 결국 사랑하는 일'이 분명하다.

(2006.)

다시 돌아오지 않는 계절

3호선 전동차에 올랐다. 봄 향기를 맡으며 걷고 싶다는 친구들 성화에 개나리가 한창이라는 남산으로 가는 길이다. 시발점이어서 차는 텅 비다시피 승객이 적은데 맞은편에 부자(父子)인 듯한 두 남자가 두런두런 이야기를 나누고 있다.

젊은이가 주로 이야기를 하고 나이든 남자는 대견한 듯 고개를 주억거리며 듣고 있는 모습이 정겹다. 보기 좋은 그림이라는 생각에 뒤이어 나는 또 다시 엉뚱한 상념에 빠진다. 저 남자도 아들처럼 싱싱한 모습을 지녔던 시절이 있었겠지. 그런데 지금은 그런 흔적을 어디에서도 찾아볼 수가 없구나. 연민이랄까, 서글픔 같은 야릇한 느낌이 가슴 한 구석에 쓸쓸한 바람을 일으키고 지나간다.

몇 년 전, 새해 벽두에 '대학 학과 총동창회'를 만든다는 통지를 받았다. 대학을 졸업한 지가 40년이 가까워 오는데 이제야 동창회를 만든다는 것이었다. 졸업 후에 까맣게 잊고 지냈던 남자 동창들이 어떤 모습을 하고 있을까, 알아볼 수 있을까, 나를 알아보기는 할까 하는 궁금증이 슬며시 고개를 들었다.

당시 정원이 20명이던 우리 학과에는 3분의 1이 여학생이었으니 남학생은 열두어 명이었다. 그때는 누가 시킨 것도 아닌데 강의실의 동쪽에는 남학생, 서쪽에는 여학생, 이런 식으로 따로 앉아서 강의를 들었고 서로에게 깍듯이 경어를 썼다. 지금 생각하면 얼마나 우스운 노릇인가.

동창회 자리에는 졸업한 지 얼마 되지 않는 후배 젊은이들부터 백발이 성성한 노장 졸업생들까지 연령층이 다양했다. 접수에서 내어주는 이름표를 받아 들고 나는 낯익은 얼굴을 찾을 수 있을까 하고 사방을 둘러보았다. 그때 내 이름을 부르며 다가오는 얼굴이 있었다. 38년만의 해후인데도 그는 나를 알아보고 손을 내미는 것이었다. 그 역시 세월의 무게를 걸머지고 있었지만 누구인지 한눈에 알아볼 수 있었다. 세월의 흔적이야 누구나 피할 수 없는 것이지만, 내게 다가와 알은체를 하는 사람의 가슴에 달린 이름표에 먼저 눈길을 주지 않아도 되는 것만도 고마운 노릇이었다.

원탁에 둘러앉아 식사를 하면서 남자 동창들의 모습을 둘러보았다. 그들도 눈가에 주름을 지으며 반가운 눈길을 보냈다. 아직도 내로라하는 직위(職位)를 지키고 있는 사람이건 화려한 전직(前職)을 자랑하는 이들이건 세월의 위력 앞에서는 누구나 평등했다.

비라도 맞은 듯이 후줄근해진 그들의 모습을 바라보면서 아릿한 아픔이 가슴으로 번져왔다.

남학생들은 군복을 검게 물들여 입고 다니던 모두가 가난했던 그 시절, 우리말로 된 변변한 사전 하나 없이 우리는 원서와 씨름을 해야만 했다. 삐걱거리는 낡은 목조 건물에서 나는 사르트르와 까뮈를 만났고 난해한 보들레르의 시를 읽느라고 찡찡거렸다.

마로니에 잎들이 머리 위로 흩날리는 벤치에 앉아서 샹송을 흥얼거리며 낭만을 불태우던 아득하게 먼 지난날의 이야기를, 마치 엊그제 일인 양 이야기하며 우리는 많이도 웃었다. 그러나 그 웃음 뒤에는 늦가을 기러기 떼가 끼룩거리며 날아가고 난 빈 하늘같은 쓸쓸함이 남았다. 그대들의 푸르던 젊음은 어디로 갔는가. 눈을 맞추면 불꽃이 튈 것 같던 그 눈빛은 어디로 사라졌는가. 뜨겁던 열정은 어디서 모두 태워버렸단 말인가. 우리들의 젊음은 한자락 환상이었을까, 한바탕 꿈이었을까.

썰물이 쓸고 나간 모래사장 같은 텅 빈 허무를 나는 맛보고 있었다. 그리고 그들의 눈빛에서 나는 보았다, 그들도 내가 곱씹고 있는 것과 똑같은 서글픔을 가슴 쓰리게 맛보고 있다는 것을.

우리는 한겨울의 밤거리로 나왔다. 볼을 때리는 칼바람이 저녁 내내 허우적거리고 있던 허무의 늪에서 나를 한순간 끌어내주었다. 하지만 세월의 덧없음이 몰고 온 서글픔으로 나는 그 밤을 뒤척이며 지새워야만 했다. 그리고 가슴에 이는 허허로운 바람을 잠재우느라 얼마나 많은 날들을 서성이며 보내야 했는지 모른다.

영원히 변하지 않고 우리 곁에 남아 있는 것이 있을까. 영영 변치 말자고 맹세했던 사랑도, 언제까지나 내 것이라고 믿었던 젊음도 모두 덧없이 사라져버린다. 계절은 때가 되면 어김없이 다시 돌아오지만 오늘의 봄은 지나간 그 봄은 아니지 않은가.

'동대 입구'라는 안내 방송에 퍼뜩 정신이 들었다. 서둘러 전동차에서 내려 장충단 공원 쪽으로 나왔다. 눈이 부시다. 자지러질 듯 샛노란 개나리 덤불이 너울거리며 손짓하고 있다. 아, 이 황홀한 봄을 힘껏 껴안으리라. 다시 돌아오지 않을 이 순간을 마음껏 사랑하리라. 나는 가슴 깊이 숨을 들이마시고는 힘차게 발걸음을 옮겼다.

(2003.)

프라하에서 만난 사랑

우리는 주문한 음식이 나오기를 기다리고 있었다. 동유럽 5개 도시를 순방하듯 찾아다니는 여행길의 마지막 날, 프라하에서였다. 단체 여행이란 으레 빠듯한 일정이지만 이번에는 박물관 연구반원들과의 여행이기에 보고 싶은 것이 유난히 많아서 말 그대로 강행군이었다. 여행의 마지막 날이니 모두들 지친 듯 아무 말 없이 앉아 있었다.

나는 피로한 눈을 쉴 겸 안경을 벗어 놓고 잠시 눈을 감고 있었다. 조용하던 일행들이 갑자기 웅성웅성하기에 눈을 떴다. 무슨 일이냐고 하니 비스듬히 맞은편을 눈으로 가리키는 것이었다. 허겁지겁 안경을 찾아 쓰고 두리번거리는 내게 옆에 앉은 친구가 젊은 여자와 앉아 있는 남자를 보라는 것이었다.

내 자리에서는 목을 돌리고 봐도 머리칼을 길게 늘어뜨린 여자의 뒷모습뿐, 옆얼굴이 보일락 말락 했다. 남자는 은발이 보기 좋은 게 50대 중반은 됨직했다. 마주 바라보기가 뭣해서 흘깃 시선을 스친 다음에 고개를 돌리고 말았다. 도무지 무엇 때문에 그 야단들인지 알 수가 없었다. 그런데 그 남자의 표정을 잘 보라는 것이었다.

나잇살이나 먹은 동양 여자가 외간 남자를 빤히 바라보기가 민망해서 나는 짐짓 자연스러움을 위장하고 자세를 고쳐 앉았다. 이번에는 그 남자의 얼굴이 제대로 내 눈에 들어왔다. 옆의 동행이 내 옆구리를 쿡 찌를 때까지 나는 멀거니 그를 바라보고 있었다.

지극히 아름답고 귀한 예술품 앞에서 경탄하는 감상자의 눈빛이라고나 할까, 오랫동안 바라보기만 하던 대단히 귀하고 값진 물건이 마침내 자기 손에 들어왔을 때에 맛보게 되는 가슴 뿌듯함이라고 할까. 그의 얼굴은 그렇게 그윽하게 빛나고 있었다.

일행들은 수군수군 그들에 대해서 이야기하고 있었다. 아마 젊은 여자와 재혼해서 신혼여행을 온 모양이라고 하기도 하고, 젊은 여자와 밀회를 하는지도 모른다고 하기도 했다. 그러나 밀회라면 어딘가 들떠 있거나 불안하고 초조한 느낌이 엿보이련만 그는 더없이 편안하고 행복해 보였다.

타인의 행복한 모습을 바라보면서 마치 아름다운 그림을 감상할 때처럼 내 마음도 즐겁고 흐뭇해지는 것은 웬일일까. 사랑하는 사람들을 지켜보는 것은 마치 아름다운 사랑을 그린 영화를 보는 것처럼 누구에게나 참으로 기분 좋은 일일 것 같다.

청춘 남녀의 애틋하고 짜릿한 사랑이야 말할 것도 없지만 나이가 지긋한 남자가 사랑에 흠뻑 빠져 있는 모습도 이토록 보기 좋을 수 있다니. 그를 주책없다거나 추하다고 생각하는 사람은 아무도 없었다. 은근하면서도 간절한 진심과 푸근한 여유, 그리고 나이 탓일까. 기품의 향기가 그에게서 배어 나오는 것 같았다. 문득 우리 모두가 그를 부러워하고 있는지도 모른다는 생각이 들었다. 그런 사랑을 품을 수 있는 그는 그동안 어떤 삶을 살았고 어떤 사랑을 했을까 하는 엉뚱한 상념이 고개를 드는 것이었다.

인생의 가을로 접어들어 후줄근한 모습으로 앉아 있는 동행들을 바라보다가 이런 생각이 떠올랐다. 우리도 저렇게 누군가와 마주 앉았던 때가 있었겠지. 한 남자와 한 여자가 부부라는 인연으로 만나게 되기까지에는 그와 비슷한 과정을 거쳤으리라.

그러나 그 시절, 우리가 청춘 남녀로 만났을 때에는 저토록 온화하고 그윽한 사랑을 알 만큼 우리들은 성숙하지 못했다. 아마도 덜 익은 풋사과처럼 시큼하고 떫은 상태였으리라. 어쩌면 활화산처럼 타오르는 열정이 아니었다면 치기(稚氣)어린 순정이었을지도 모른다. 한때나마 아릿한 가슴 설렘이라든가 불꽃같은 추억이 있었기에 남녀가 부부라는 이름으로 수십 년의 세월을 함께 살아갈 수 있는 게 아닐까.

다행이라고나 할까, 열정은 오래 지속되지 않는다. 활활 타오르는 불길은 모든 것을 순식간에 태워 버리고 재만 남겨 놓는다. 장작불을 오래 타게 하려면 불이 적당하게 붙었을 때 불길을 잡아 주어야 한다. 곱게 스러진 열정 뒤에는 질화로와 같은 은근한 정이라는 것이 남게 되는 게 아닌가 싶다.

수없이 부딪히고 깨어지면서 그리고 산산이 부서질 위기에 맞닥뜨리면서도 수십 년 동안 두 남녀를 헤어지지 못하도록 얽어매는 끈은 무엇일까. 상처 주고, 상처받고, 아파하고, 아물고 하는 과정을 수없이 겪으면서도 고비를 이겨내는 것은 상처가 아문 자리에는 제 살보다 투박하고 굳은살이 돋아나는 것과 같은 이치일지도 모른다.

오래 기다리던 음식이 나왔다. 우리는 말없이 먹기에 열중하고 있었다. 시장기를 채우고 나서 보니 그 두 사람이 앉았던 자리는 비어 있었다. 텅 빈 자리가 왠지 아쉬운 바람을 일으키는 것이었다. 마치 감상하고 있던 아름다운 그림을 잠시 한눈파는 사이에 누군가가 떼어 가버린 것 같은 그런 서운함이었다.

우리는 아무 말 없이 그 빈자리를 멍하니 바라보고 있었다.

(2005.)

수제비가 된 식물도감

머리에 서리를 인, 초로의 남자가 청계천의 헌 책방 거리를 서성이고 있다. 예전에는 이 거리에 즐비하던 헌 책방들이 거의 사라지고 이제는 몇 되지도 않는다. 그는 이 책방 저 책방을 다니며 오래된 식물도감을 찾고 있다. 사실 그는 그것이 식물도감이었는지조차도 확실히 알지 못한다. 그저 식물 사진이 많은 책이었다는 것밖에는. 그는 오래전에 이곳에서 돈과 바꾼 그 책을 찾고 있는 것이다.

그는 책방 아저씨에게 자기가 찾고 있는 책에 대해 설명을 하다가 그만 목이 메어 잠시 말을 잇지 못한다. 지금 자신이 찾고 있는 그 책이 들어 있던 가방을 들고 이 거리에 왔던 그때를 떠올린 것이다.

30여 년 전의 일이다. 한 소년이 청계천에 줄지어 있는 헌 책방 거리를 서성이고 있었다. 이 집 저 집 기웃거리기만 할 뿐 선뜻 들어가지도 못했다. 가게 앞 좌판에 책을 내놓으려고 나오던 책방

주인의 들어오라는 손짓에 끌려가듯 들어가기는 했으나 그저 머뭇거리며 서 있기만 했다.

무슨 책을 찾느냐는 책방 아저씨의 말에 가방을 더욱 세게 끌어안을 뿐 입을 열지 못했다. “너, 책 팔려구? 팔 거 있으면 내놔봐.” 하는 아저씨의 말에 가슴에 안고 있던 가방을 슬그머니 내려놓았다. 그러나 가방을 열고 책을 꺼낼 수는 없었다. 아저씨의 잇따른 재촉에 마지못해 가방을 열었다.

“식물도감이구나. 보지도 않은 새 책인데.” “너, 이 책 어디서 났지?” 아저씨의 물음에 “저, 실은…” 빤히 쳐다보는 아저씨의 표정에 떠밀려, “저 오늘 졸업식에서 상으로… ” “아, 그래, 너 공부 잘했구나.”

아저씨가 건넨 돈을 마지못해 주머니에 찔러 넣고 소년은 발걸음 무겁게 집으로 향했다. 집 근처 골목 어귀에 있는 가게 앞에서 멈칫거리다가 그는 큰 결심이나 한 듯 안으로 들어갔다. 그러고는 방금 상과 바꾼 돈을 다 주고 밀가루 한 포대를 샀다.

그날 저녁, 모처럼 온 식구가 수제비를 배불리 먹었다. 상을 들고 나가신 어머니는 좀처럼 방으로 들어오시지 않았다. 소년은 부엌문을 빠끔히 열어 보았다. 어머니는 부뚜막에 앉아 어깨를 들먹이며 소리 없이 울고 계셨다. 살며시 문을 닫은 소년은 별이 총총한 밤하늘을 쳐다보다가 볼 위로 흘러내리는 눈물을 소매 끝으로 훔쳤다.

몇 주 전, 늦은 밤에 TV에서 본 이야기를 각색해 보았다. 가난했던 시절의 그 사연에 가슴이 먹먹해졌다. 중학교 졸업식에서 상으로 받은 식물도감, 소년은 자랑스러움으로 터질 듯한 가슴을 안고 집으로 달려가 대문을 박차고 들어가서 "엄마, 나 상 탔어요." 하고 소리쳤어야 했다. 그러고는 형과 누나에게 침이 튀도록 자랑을 하고 나서, 밖에 나가 동네 아이들에게 식물 사진을 하나씩 보여주며 기세 좋게 자랑을 했어야 마땅하다.

책꽂이에 모셔 놓고 두고두고 자랑해야 할 책을 밀가루와 바꿀 수밖에 없었던 소년, 어린 아들이 학교에서 받은 상과 바꿔온 밀가루로 수제비를 만들어 먹을 수밖에 없었던 어머니, 두 모자의 가슴속 깊이 묻어둔 그 아픔은 흐르는 세월과 함께 풍화되고 마모되었을까. 아니, 그들의 삶이 넉넉해질수록 더욱더 쓰라린 기억으로 되살아났을지도 모른다.

그 식물도감이 어느 서가에 긴 세월 꽂혀 있다가 낡은 책을 정리하면서 다시 헌 책방으로 돌아왔을 수도 있으리라. 그런 요행을 바라며 초로의 남자는 오늘도 이 거리를 서성이고 있는 것이다. 그가 그 식물도감을 다시 찾는다는 것은 아마 모래밭에 떨어뜨린 바늘 하나를 찾는 일만큼이나 가능성이 희박할지도 모른다. 그렇다 해도 이 세상에는 믿기 어려운 기적 같은 일이 일어나기도 하지 않는가.

그는 그 낡은 책을 다시 찾아 무엇을 하려는 것일까. 30여 년 전의 조잡한 인쇄술로 만든 식물도감이 지금 무슨 가치가 있단 말인가. 요즘 최첨단으로 발달한 사진술로 제작된 훌륭한 것들이 수없이 많은데.

그의 영광과 아픔이 고스란히 담겨 있는 그 식물도감, 이제는 아무 쓸모없는 구질구질한 낡은 책일지라도, 그에게는 돈으로 환산할 수 없는 무한의 가치를 지닌 것이리라. 가슴속에 끝내 지울 수 없는 쓰라린 상처로 남아 있는 그 책을 찾음으로써 그는 해묵은 상처의 피딱지를 떼어내려는 것은 아닌지.

내게도 아주 오래된 책 한 권이 있다. 단기 4286년(1953년)에 출판된 계용묵의 『문장사전』이다. 질 낮은 갱지로 된 책은 반백년이 훌쩍 넘은 세월 속에서 갈색으로 변해 버렸다. 활자가 작고 인쇄가 조악(粗惡)해서 이제 흐려진 내 시력으로는 읽을 수가 없을 지경이다. 하지만 그 책에는 글을 쓰고 싶던 내 꿈이 고스란히 담겨 있기에 아직도 내 서가에 소중하게 자리 잡고 있다.

이제는 아무 쓸모가 없지만 삶의 추억과 빛바랜 꿈의 한 조각이 서려 있는 손때 묻은 물건들. 우리는 그런 것 하나쯤 가보(家寶)라도 되는 듯이 소중하게 지니고 산다. 그것은 우리 삶을 촉촉하고 윤택하게 가꾸며 살아가는 데에 한 방울의 윤활유가 되어 주기에.

모래밭에 떨어뜨린 바늘을 찾아내는 기적이 그에게 일어나기를 나는 간절히 바라고 있다.

(2005.)

사랑방은 사라지고

신랑은 웨딩마치에 맞추어 아버지의 팔을 끼고 들어오는 신부를 기다리고 있다. 어딘가 초조한 기색이 보이지만 감추기 어려운 듯 입가에는 웃음이 벙실거린다. 신부를 넘겨받은 신랑은 주례를 향해서 돌아선다.

시중드는 여자가 신부 드레스의 아랫단을 두 손으로 잡고 속옷이 보일 정도로 펄럭여 부풀리고 나서 기다란 베일을 펼쳐 놓는다. 그러고 나니 신부는 마치 날개를 활짝 펼치고 날아오르려는 백조 같다. 신부 옆에 까만 연미복을 입고 서 있는 신랑은 큰 키 때문인지 유난히 가냘프게 보인다.

집안 조카의 혼례식장에서 신랑과 신부의 뒷모습을 바라보고 있던 나는 다시금 떠오르는 부질없는 상념에 사로잡힌다. 신랑이 서 있는 자리가 신부가 차지한 공간에 비해 보잘것없어 보였기 때문일까. 몇 겹의 페티코트로 한껏 부풀린 스커트에다 그 긴 베

일이 차지하는 자리는 신랑이 차지하고 서 있는 공간의 몇 배나 된다. 예식이 끝난 후 그들의 생활에서도 그 자리의 크기가 그대로 유지되는 것이 아닌가 하는 생각을 영 떨쳐버릴 수가 없는 것이다.

신접살림 집에서도 신부의 살림살이가 차지하는 공간이 신랑의 것보다 훨씬 크게 마련이다. 부엌의 크고 작은 가전제품과 식기들, 거실의 TV, 안방의 장롱과 침대 따위는 모두 신부가 혼수로 가져온 것들이다. 신랑의 것이라고는 책 몇 권과 컴퓨터, 그리고 잘해야 책상과 책장이 고작이다. 그것들도 방이 여유가 있으면 제자리를 잡지만 그렇지 않으면 이 구석 저 구석에서 천덕꾸러기 신세가 되기 십상이다. 집안은 온통 아내의 영역이고 남편의 영역이란 찾아보기 어려울 지경이 되기도 한다.

아이들이 하나 둘 생기다 보면 이런 현상은 더욱 심각해진다. 세월이 가면서 방을 하나, 둘 늘려봤자 남편의 몫으로 돌아오기는 어렵다. 그래서일까, 남편들이 퇴근해서 곧장 집으로 돌아가지 않고 밖에서 떠도는 것이. 한국 남성들에게 집이란 고작 잠이나 자러 들어가는 곳쯤으로 생각되는 것인가. 집에 들어가 봤자 자기만의 시간을 방해받지 않을 수 있는 공간은 한 뼘도 없으니 말이다.

예로부터 대가(大家)에는 사랑채와 안채가 따로 있었지만 그렇지 않은 집에도 '사랑방'이 있었다. 우리 가정에서 '사랑방'이 없어진 것은 한옥이 아파트라는 주거 형태로 바뀌면서부터가 아닌가 싶다. 산업 사회가 되면서 남자들이 대부분의 시간을 직장에서 보내게 되니 사랑방이 필요하지 않게 되었는지도 모른다.

남편 친구 중에 강 사장이라는 분이 있는데, 그의 부인이 미국에 살고 있는 딸을 방문했을 때의 이야기가 재미있다. 혼자 있던 그는 갑자기 날씨가 추워져서 내복을 입으려고 찾았으나 쉽게 눈에 띄지 않았다. 며칠 후면 돌아올 예정이었던 아내가 기온이 갑자기 그렇게 떨어질 것을 예상하지 못하고 준비를 해놓지 않았던 모양이다. 내복을 찾으려고 안방 장롱도 열어 보고 이 서랍 저 서랍을 열어 보다가 돌연 그는 큰 충격을 받았다고 한다. 장롱은 아내의 옷이 거의 다 점령하고 있고 자기 옷이 있는 공간은 얼마 되지 않았다. 아이들마다 방 하나씩을 차지하고 있건만 가장(家長)을 위한 방은 따로 없었다. 이 가정에서 그 자신만을 위한 공간은 거의 없다는 사실을 그가 뼈저리게 깨닫는 순간이었다. 30여 년간 그가 쌓아 올린 공든 탑이 결국 이런 것이었나 하는 허탈감에서 그는 그냥 주저앉고 말았다고 했다.

그의 이야기를 들으며 『아버지』라는 소설을 떠올렸다. 1997년에 출판되어 장안의 화제를 불러 일으켰던 작품으로, 남성 중심의 가부장제가 우리 사회의 일부에서는 아직도 그 맹위를 떨치고 있기는 하지만, 고개 숙인 아버지의 모습과 아버지라는 존재의 의미를 되새겨 보게 했다.

남자들이 치열한 생존경쟁에서 살아남으려다 보니 가정에서 보내는 시간은 자꾸 줄어들고 바쁘다는 핑계로 가정과 자녀 교육을 내팽개치듯 아내에게 떠맡기게 되었다. 아이들은 아버지와 얼굴을 마주할 시간조차 별로 없게 되어 아버지는 돈을 벌어 오는 사람쯤으로 인식되는 지경에 이르고 말았다. 서구에서는 이미 20세기 중반부터 아버지의 권위가 사라진 시대, 아버지 부재의 시대라는 말이 나왔다.

남성의 전유물이었던 사랑방은 곧 우리 가정에서는 가장의 권위와 위엄의 상징이었다. 어릴 때 안채에서 사랑채로 나갈 때면 공연히 숨을 죽이곤 했던 기억이 난다. 사랑방에서는 할아버지가 장죽을 재떨이에 딱딱 두드리시는 소리만 가끔씩 들렸고 그곳은 할아버지가 부르시기 전에는 들어가지 못하는 곳이었다. 사랑방이 사라진 이 시대에 남편들이 가정에서 차지하고 있는 자리가 자꾸만 왜소해져 가는 것 같아 서글프다.

회초리 같아 보이는 신랑의 뒷모습을 바라보면서 두 남녀가 꾸려갈 새 가정에서 그가 차지하는 공간이 어엿하고 당당하기를 바란다. 신랑은 장차 교수가 될 사람이니 서재는 꼭 있어야 하니 방 하나는 차지하겠구나 하는 생각에 마음이 조금 놓인다. 하지만 요즘 세상에 사랑방타령이나 하는 나는 얼마나 구식 여자인가.

(2004.)

참 고맙구려

며느리가 아기를 건네준다. 태어난 지 이틀밖에 안된 손자를 조심스레 품에 안았다. 따뜻하고 포근하다. 잠들어 있는 아기를 가만히 살펴본다. 눈, 코, 입, 귀, 모두 제자리에 붙어 있다. 봄에 새로 돋아난 고사리 순 같은 손가락들. 엄지부터 새끼손가락까지 열 손가락 끝에 눈곱만한 손톱이 달려 있다. 달릴 것은 모두 달려 있다. 아무것도 빠진 게 없다.

세상에 이보다 더 놀라운 일이 있을까. 어느 것 하나 빠진 것 없이 이렇게 온전하게 만들어져 나오다니. 아무리 보아도 신기하기만 하다. 그리고 감사하다. 하나도 부족한 게 없는 것이 이렇게 고마울 수가. 게다가 어쩌면 이토록 예쁠까. 첫 손자를 본 것도 아닌데, 왜 이리도 감사한지.

내 아이를 키울 때는 감사보다는 욕심이 앞섰다. 아이가 더 똑똑하기를, 더 재주가 많기를, 더 공부 잘하기를, 또 더 많은 것들을 바랐다. 너무나 많은 욕심을 부렸다. 아이가 걸을 때가 되면 걷고, 말을 할 때가 되면 말하고, 학교에 다닐 때가 되면 가방을 메고 학교에 갈 수 있는 것이 얼마나 감사해야 할 일인지 깨닫지 못했다.

손자가 태어나기 서너 주 전, 우연히 고정시킨 TV 채널에서는 손가락 분리 수술에 대해서 방영하고 있었다. 태아의 손은 엄지조차 없는 벙어리장갑같이 생겼다가 시간이 가면서 손가락이 분리된다고 한다. 그런데 가끔 손가락이 미처 분리되지 않은 상태로 태어나는 아기가 있다. 손가락이 없는 네댓 살 된 남자아이의 이야기였다. 순간 가슴이 '쿵' 하고 내려앉는 것 같았다.

손가락이 없는 손, 그 손으로는 아무것도 할 수가 없다. 아이가 스스로 밥을 먹을 수 있는 나이가 되어도 엄마가 밥을 떠먹여야만 한다. 우선 엄지 분리 수술을 받은 아이는 어설프게나마 손을 쓸 수 있게 되었다는 것이다. 겨우 엄지 하나를 가지고도 숟가락을 쥐고 밥을 제 손으로 먹을 수 있게 되었다고 아이 엄마는 기뻐서 눈물을 흘리고 있었다. 누구나 다 가진 열 손가락을 갖고 태어나는 것은 대단할 것도 놀라울 것도 없다. 그런데 그 당연한 것이 눈물겹게 고마워해야 할 일이라는 것을 우리는 모르고 살고 있지 않은가.

남편의 친구가 신부전(腎不全)으로 투석(透析)을 해야만 했다. 그는 "소변 한 번 시원하게 보는 것이 소원"이라고 했다. 부모님을 뵈러 시골에 내려갔다가 들판에서 황소가 오줌 누는 것을 보게 되었다. 시원스레 오줌을 쏟아대는 놈을 바라보며 그렇게 부러울 수가 없었다고 했다. 나는 콧날이 시큰해졌다. 배설이라는 자연스러운 기능을 마음대로 할 수 있다는 것이 그토록 고마운 일이라는 것을 모르고 살아오지 않았던가.

친구의 남편, 김 교수가 외출했다가 돌아와서는 심각한 얼굴로 아내에게 잠깐 앉으라고 하더란다. 그녀는 영문도 모른 채 자리에 앉았더니 남편이 엎드려 큰절을 했다. 그러고는 "살아 있어 주어 고맙구려." 하는 것이었다. 당황한 그녀에게 그는 이런 이야기를 했다.

김 교수의 친구가 아내와 함께 독감 예방주사를 맞으려고 보건소를 찾아가는데, 방금 나란히 걷고 있던 아내가 곁에 없기에 뒤를 돌아보니 길바닥에 쓰러져 있었다지 않은가. 황급히 병원으로 옮겼으나 그대로 운명했다는 이야기였다. 김 교수는 집으로 돌아오면서 '살아 있는 아내'에게 고맙다고 큰절을 하기로 마음먹었다는 것이었다.

밤이면 남편이 코고는 소리에 귀를 틀어막기도 하고, 설거지도 도와주지 않는다고 투덜대고, 가끔 의견 차이로 티격태격하고, 어떤 때는 속으로 '이 웬수야'라고 웅얼거리기도 한다. 하지만 배우자가 살아 있기에 두 사람이 마주 앉아 차 한 잔을 함께 마시며 지나간 이야기를 나눌 수 있는 게 아닌가.

여자들은 나이 들수록 나다닐 일이 왜 그리 많은지, 요즘은 남편보다 내가 더 자주 외출을 한다. 어쩌다 그는 이런 내가 못마땅할 때가 있는 모양이다. 나 역시 미안한 마음이 없는 것은 아니지만, 짐짓 큰 소리로 이렇게 말한다. “내가 몸이 아파서 집에만 있으면 좋겠어요? 이렇게 다닐 수 있는 것만도 감사해야지요.”

심한 감기 몸살로 두어 주 동안 집 안에만 있다가 모처럼 뒷산에 올랐다. 온 세상은 찬란한 봄빛으로 빛나고 있었다. 등산로 양 편에는 가냘픈 가지에 수줍게 얼굴을 내민 연분홍 진달래가 미소를 짓고 있었다. 내려오는 사람과 마주치게 되자 내가 먼저 “안녕하세요?” 하고 인사를 했다. 그러자 어떤 벅찬 느낌이 전율처럼 전신을 휘감으며 가슴으로 치밀어 올랐다. 생의 아름다움에 대한 감동이며 살아 있음에 대한 환희라고나 할까. 순간 하늘을 우러러 ‘감사합니다.’라고 메아리가 치도록 외치고 싶어지는 것이었다.

생전에 어머니는 늘 고맙다는 말을 입에 달고 사셨다. “집안에 별고 없지?” “시부모님도 안녕하시고?” 별 탈 없이 잘 있다고 하면, 어머니는 어김없이 “고맙구나.” 하셨다. ‘어머니는 고마울 것도 참 많다’고 생각했다. 내 친구들도 “너희 어머니는 늘 뭐가 그리 고마우신지 모르겠다.”고 했다. 이순이 넘고 보니, 이제야 어머니의 그 마음을 알게 된다. 살다 보니 세상엔 감사할 일이 한둘이 아니다. 아니 모두 감사할 일뿐인 것 같다.

고 작은 가슴이 달막거리도록 쌕쌕 숨을 쉬며 세상모르게 잠들어 있는 손자의 앙증스러운 모습을 들여다보다가, 이내 뜨거운 눈물 한 방울을 아기의 얼굴 위로 툭 떨어뜨리고 말았다.

(2009.)

방짜동이

얼마 전에 한식당에서 비빔밥을 시켰더니 맛깔스런 나물 위에 오방색 고명을 얹은 밥이 노르스름한 놋대접에 담겨 나왔다. 얼마 만에 다시 만나는 놋그릇인가. 우리 밥상에서 사라졌던 놋그릇이 돌아오다니. 마치 오랫동안 소식이 끊겼던 옛 친구를 만난 듯 반가웠다.

명절이나 제사가 다가오면 놋그릇을 닦는 일로 행사 준비를 시작하던 시절이 있었다. 마당에 가마니를 펴놓고 식구들이 모여 앉아 유기를 닦았다. 기와 조각을 곱게 빻은 가루를 지푸라기에 묻혀 벅벅 문지르는 일은 무척 힘들었다. 알루미늄과 스테인리스로 된 그릇 덕택에 주부들이 놋그릇을 닦는 고역에서 해방된 지근 반세기가 넘은 지금, 그 유기가 다시 돌아온 것이다.

연료가 장작에서 연탄으로 바뀌자 연탄불로 밥을 짓는 부엌에서 유기는 골칫거리가 되었다. 어렵게 닦아 놓은 놋주발은 연탄가

스로 금방 색이 시커멓게 변했다. 가볍고 닦지 않아도 늘 반짝이는 양은과 스테인리스 그릇은 우리 집 밥상에서마저 놋그릇을 밀어내고 말았다.

광 속 선반 위에서 시퍼렇게 녹을 뒤집어쓰고 있는 놋그릇이 보기에 안쓰러우셨던지, 어머니는 어느 날 고물장수에게 그것들을 다 내주셨다. 하지만 방짜로 된 양푼이며 합 같은 큰 그릇은 몇 개 남겨 두셨다. 수십 년 동안 하루도 빠짐없이 어머니의 손길이 갔던 것들을 모두 없애기가 아쉬우셨으리라. 오늘도 내 거실의 한 자리를 차지하고 있는 '방짜 동이'는 그렇게 구사일생으로 살아남은 것이다.

어머니는 그 그릇을 '동이'라고 부르셨다. 본래 동이는 우물에서 물을 길어 올 때 사용하는 아가리가 넓고 둥근 오지그릇이다. 여인들이 물이 찰랑한 동이를 머리에 이고 양옆의 손잡이를 잡고 물 한 방울 흘리지 않고 걷는 모습은 내 눈에는 곡예와 다름없어 보였다. 하지만 어머니의 방짜 동이는 크기는 물동이만 하지만 놋쇠로 만든 것이다. 쓰임새가 머리에 이도록 된 것이 아니기 때문에 손잡이는 없고 둥근 테 모양의 굽이 달려 있어 안정감 있게 놓아둘 수 있다.

방짜 유기는 전통적인 수제(手製) 기법으로 만든 것이다. 놋쇠를 틀에 부어 대량 생산하는 일반 놋그릇(鑄物鍮器)과는 제작 방법이 다르다. 놋쇠덩이를 불에 달구어 가면서 수없이 메질(망치로 두들

김)을 되풀이해 얇게 늘여가며 모양을 만든다. 장인의 땀방울과 정성스런 손길이 질 좋은 방짜 유기를 탄생시키는 것이다. 방짜는 휘어지거나 잘 깨어지지 않는 데다 메자국이 남아 있는 게 특징인데, 그 보일 듯 말 듯 은은한 자국이 방짜 유기의 품위를 더해준다.

겨울이 오면 어김없이 방짜 동이에서 퍼다 먹던 식혜 맛이 혀끝에 되살아난다. 한겨울 긴긴 밤에 입이 궁금해지는 아이들을 위해 어머니는 식혜를 만드셨다. 지금은 겨울에 한번 별식으로 해먹기도 어려운 식혜를 어머니는 사흘거리로 만드시곤 했다. 엿기름을 거르고 밥을 삭히는 과정이 번거롭고 시간이 많이 소요되지만, 아마 비교적 비용이 덜 들면서도 아이들이 즐기는 간식이었기에 어머니는 그토록 부지런히 식혜를 만드셨나보다.

어머니는 식혜를 방짜 동이에 담아서 대청 뒤의 툇마루에 두셨는데, 추위가 매섭던 그 시절에는 하루 이틀만 지나도 서걱서걱하게 살얼음이 끼었다. 따끈한 아랫목에서 빙수 같은 식혜가 혀끝에서 녹는 맛이란…. 간식거리가 흔치 않던 시절의 그 맛을 떠올리면 지금도 입 안에 군침이 돈다. 아이들이 서로 경쟁이라도 하듯 퍼다 먹다보면 그 큰 동이가 며칠 안 가서 바닥이 나곤 했다. "풀방구리에 쥐 드나들 듯하더니, 벌써 동났구나." 하시며 또 엿기름을 물에 담그려고 부엌으로 들어가시던 어머니의 뒷모습이 눈에 선하다.

유기는 음식을 일정한 온도로 유지시켜 맛을 좋게 하는 장점이 있다. 겨울이면 밥주발이 안방 아랫목 이불 밑에서 늦게 돌아오는 식구를 기다리고 있었다. 은은한 광택이 나는 따끈한 밥주발을 두 손으로 감싸 시린 손을 녹이던 그 맛이란 겨울에만 누릴 수 있는 작은 행복이었다.

어머니가 놋그릇을 닦느라 애쓰시는 걸 볼 때마다 왜 녹스는 유기를 써야 하는지 나는 알 수가 없었다. 이제 과학적 연구로 유기에 대해 많은 것이 밝혀졌는데, 그 장점이 한둘이 아니다. 방짜 유기는 식중독을 일으키는 병원균을 완전히 소멸시킨다고 한다. 그러고 보니 냉장고가 없던 시절에 우리 건강을 지켜준 그릇이었다. 또한 잔류 농약이 묻은 음식을 담으면 그릇의 색깔이 변한다. 정말 놀라운 일이다. 쉽게 변색되는 단점 때문에 퇴출됐었는데, 이제는 바로 그 이유로 각광을 받고 있다니. 그뿐인가, 그릇 자체에서 미세하게 미네랄을 생성하여 꽃을 꽂으면 오래도록 싱싱하다. 그야말로 유기는 생명을 담는 그릇이다.

천대받았던 놋그릇이 '웰빙 바람' 덕분에 우리 밥상에 돌아오고 있다. 멋진 일이다. 오랜 경험 속에서 꽃핀 우리 조상들의 수많은 생활 속 지혜가 고리타분하다고 또 비과학적이라고 오랫동안 외면당했었다. 그런데 이제 21세기 첨단과학 시대에 그 참 가치가 드러나고 있다. 진정한 가치는 언젠가 세상이 알아보게 마련인가 보다.

방짜 동이에 들여놓은 화초가 유난히 싱싱한 까닭을 이제야 알게 되다니. 우리 조상님들은 그 옛날에 어떻게 그 많은 장점들을 알고 있었는지, 그 지혜에 머리가 숙여진다.

(2010.)

다름의 미학

볼만한 프로그램을 찾느라고 TV 채널을 돌리다 보니, 화면 한 귀퉁이의 'Wife Swap'이라는 영어 자막이 내 시선을 끌었다. '아내 교환'이라니. 아무리 미국 프로그램이라고 해도 이런 부도덕한 제목이? 거부감과 동시에 순간 강한 호기심으로 채널을 고정시켰다. 얼마동안 보자니 이건 내가 생각한 그런 아내 교환이 아니었다.

공통점이라고는 하나도 없는 두 가정의 주부들을 상대방의 가정에서 2주일 동안 주부 노릇을 하도록 하는 프로그램이었다. 생활 방식이 전혀 다른 두 가정의 주부를 생소한 환경 속에 들어가 몸으로 체험하게 하는 아주 기발한 발상이었다. 생식(生食)을 하는 집과 육식을 하는 집의 아내들을 서로 바꿔 놓은 것이다.

생식을 하는 집 부엌에는 음식을 익히는 가스레인지라든가 오븐 같은 게 전혀 없다. 주부는 밖에서 동물보호 캠페인을 벌이기에 바빠서 살림할 시간조차 없다. 중학생 딸 하나가 있는 이 가정에서는 남편이 일찍 퇴근해서 집안일을 한다.

육식을 하는 집의 냉동고에는 남편이 사냥해온 동물의 고기가 가득하다. 다른 먹을거리라고는 아무것도 없다. 아내는 집안 청소로 대부분의 시간을 보내고 남편은 사냥 다니기에 바쁘다. 거실 벽에는 사슴 같은 뿔이 달린 동물의 머리가 박제되어 즐비하게 걸려 있다. 아들 둘은 노상 치고받고 싸우니, 엄마는 아이들을 통제하기가 어렵다.

이토록 이질적(異質的)인 두 가정의 주부들이 자기 집을 떠나 남의 집에서 생활하면서 받는 충격이 어느 만큼인지는 직접 보지 않아도 짐작된다. 처음에는 엄청난 '다름'에 당혹해하던 그들이 그 가정의 분위기와 성격을 어느 정도 파악하고 충격과 거부감을 다스리는 동안에 첫 1주일이 지나간다. 다음 주에는 그 가정의 생활 방식을 이해하고 거기에 적응하려고 노력하면서 바꾸어 보려는 생각을 하다가 또 한 주가 지나가 버린다.

우리는 의외로 남들이 어떻게 사는지, 나와 사는 모양이 어떻게 다른지 알지 못한다. 물론 똑같지 않다는 정도는 알고 있지만, 남도 나와 크게 다르지는 않을 거라고 짐작할 뿐이다. 그런데 알고 보면 위에서 본 두 가정만큼이나 극단적으로 다른 경우도 적지 않다.

인간은 다양성의 세계에서 살고 있다. 지구상의 70억이 넘는 인구 중에 똑같이 생긴 사람은 하나도 없다. 일란성 쌍둥이조차도 어딘가 다르니 말이다. 그 다양성 때문에 세상은 재미가 있지만 서로 다른 사람들이 관계를 이루며 더불어 살아가려면 그로 인해 일어나는 문제도 각양각색이다.

개성이 다른 두 남녀가 사귀는 과정을 거치면서 서로의 동질성을 어느 정도 확인하게 되면 드디어 결혼에 이르게 된다. 그런데 한솥밥을 먹기 시작하면서부터 가장 먼저 깨닫게 되는 것은 '이렇게 다를 수가!'이다.

신혼여행에서 돌아온 다음날 아침부터 새 부부는 '다름'과 부딪히게 된다. 아내는 치약을 밑에서부터 눌러가며 쓰는데, 남편은 한 가운데를 꾹 눌러놓는다. 그녀는 얼굴을 닦은 타월은 제자리에 다시 펼쳐서 걸어놓는데, 그는 바닥에 던져 버린다. 그녀는 국에 밥을 말아먹는데, 그는 국이 있어도 물에 말아먹는다. 그녀는 잠옷을 입고 잠자리에 드는데, 그는 잠옷을 입지 않는다. 이루 다 열거할 수 없을 정도로 많은 '다름'에 말문이 막힌다. 부부의 마찰과 갈등은 여기서부터 싹이 튼다.

고부 갈등도 이 '다름' 때문에 일어난다. 옛 어른들은 "집집마다 오이 베어 먹는 법이 다르다."는 말로 각 가정의 생활 습관이 다름을 인정하고 딸들에게도 그렇게 가르쳤다. 하지만 생소한 남의 가정에 들어온 며느리는 수많은 다름에 당황한다. 어떻게 대처할지를 몰라 서투른 며느리를 시어머니는 제대로 배우지 못한 탓으로 치부한다. 그리고 자기 집에서 사는 방식을 새 식구에게 하루 빨리 가르치려니 잔소리가 시작된다.

결혼 전에 나는 시금치를 데치면 즉시 냉수에 헹궈야 한다고 배웠다. 그런데 시어머님은 절대로 헹구지 말라고 하셨다. 헹구면 시금치의 단맛이 빠진다고. 상식이라고 알고 있던 사실조차 시댁에서는 통하지 않으니, 그 외의 수많은 다름은 이루 말해 무엇하겠는가. 갈등과 소외감으로 한동안 무척 힘들고 외로웠다. 그러던 어느 날 '로마에 가면 로마법을 따르라.'는 말이 우레처럼 나를 흔들어 깨우는 것이었다.

'다름'은 '틀림'이 아니다. 그런데 우리는 흔히 다름을 틀림으로 받아들이기에 갈등이 일어나게 되는 것이다. 다름은 개성(個性)이다. 그리고 개성은 마땅히 존중되어야 한다. 개성이 다른 사람들이 더불어 살아가려면 먼저 서로의 다름을 인정해야 한다. 쉬운 일은 아니지만 일단 인정하고 나면 이해와 수용이 따라오게 마련이다. 거기에 양보가 곁들여지면 평화로운 공존이 시작되는 것이다.

창조주는 다양성을 우리에게 주었다. 그것은 인간에게 주어진 축복이다. 모두가 똑같은 세상은 숨이 막힐 만큼 무미건조하고 권태로울 것만 같다. 아마 죽음과 다르지 않으리라.

다름은 아름다움이다. 수많은 다름 속에서 조화의 꽃을 피워내는 과정이 우리 삶이 아니겠는가.

(2009.)

2부

카라꽃 한 다발

이별 | 카라꽃 한 다발 | 고릴라 '벤티'
그래도 오늘이 | 덕수궁 돌담길 | 東과 西가 만나는 곳
탑돌이를 하며 | 밥이나 같이 먹지
살맛나는 세상 | 고장 난 눈물샘

이별

더없이 좋은 가을날이다. 이승에 왔다가 가시는 마지막 길을 어머니는 이렇게 좋은 날로 택일하려고 그리도 오래 기다리셨을까. 마른나무 가지처럼 바스러질 것 같던 어머니의 모습이 무르익은 가을이 비치는 차창 위로 겹쳐진다.

몇 만 겁의 인연으로 어머니의 몸을 빌려 이 세상에 온 나. 60년을 넘게 어머니와 자식의 연(緣)으로 살다가 이제 어머니를 떠나보낸다. 먼저 보내 드리니 자식의 도리는 한 것일까. 어머니는 나중에 갈 사람들을 앞서 보내는 아픔을 너무도 여러 번 겪으셨기에, 당신의 분신들을 두고 가시는 발걸음은 오히려 가벼우실 거라는 생각마저 든다.

내가 겨우 여섯 돌이 지난 초겨울에 나는 엄마와 첫 이별을 하게 되었다. 큰언니의 손을 잡고 중국 상해를 떠나 조부모가 계신 개성(開城)으로 돌아온 것이었다. 어머니의 산달이 가까워지자 부모님은 세 살짜리 동생을 데리고 남아 계시고, 큰 아이들 넷을 먼저 귀국시킨 것이다. 여학교 졸업반이던 큰언니가 동생 셋을 데리고 떠난 긴 여행이었다.

우리는 큰 배로 강을 건너고, 며칠 밤낮을 기차를 타고 고향으로 돌아왔다. 하늘과 강물이 온통 잿빛이던 날, 갑판 위에서 내려다본 강물에는 엄마의 얼굴이 커다랗게 출렁이고 있었다. 그것을 보자 목구멍까지 차 있던 눈물이 다시 샘물처럼 솟았고, 가슴이 뻥 뚫린 것 같은 허전함은 나를 삼켜버릴 것만 같았다. 강물 위에 눈물과 함께 일렁이던 엄마의 얼굴은 그 후 오랫동안 나를 놓아주지 않았다.

초등학교에 입학해서 1학기를 다니고 여름 방학이 시작되었을 때, 부모님은 동생과 아기를 데리고 돌아오셨다. 엄마와 떨어져 산 그 길지 않은 세월은 어린 내게는 영원과도 같은 시간이었다. 기다림에 목이 타는 듯하던 갈증이 채 가시기도 전에 나는 다시 엄마와 헤어지게 되었다. 해방이 되자 이번에는 동생 둘과 대학에 들어가야 할 큰언니를 데리고 부모님이 서울로 올라가신 것이다. 서울로 전학 갈 때까지, 또 다시 여러 달을 나는 엄마가 개성에 내려오시는 날만을 손꼽아 기다려야 했다.

마침내 서울로 올라와 온 식구가 함께 모여 살면서도, 나는 학교에서 돌아와 엄마의 목소리가 들리지 않으면, 대문에서부터 맥이 풀리면서 눈물이 핑 돌았다. 엄마가 계시지 않은 집은 빈집이

나 같았기 때문이다.

고등학생이 된 후에도 나는 늘 엄마를 찾았다. 그러나 2학년쯤 되었을까, 어느 날 학교에서 돌아와 보니 엄마가 집에 계시지 않았다. 그런데 여느 때와는 달리 아무렇지도 않은 것이 아닌가. 정말 이상한 일이었다. 엄마가 집에 계시지 않는데도 허전하지도 않고 짜증도 나지 않다니. 아마 그날에서야 어머니에 대한 갈증은 해소되었나 보다. 그리고 그때부터 '엄마'라는 말 대신에 '어머니'라고 부르기 시작한 것 같다.

대학을 졸업하고 몇 년 후, 이번에는 내가 어머니 곁을 떠났다. 하지만 지구 반대편이라는 지역적인 거리를 나는 극복할 수 있었다. 그것은 물론 쉬운 일은 아니었다. 그러나 어머니는 여전히 나를 지탱해 주는 기둥이요 내 등을 토닥여주는 손이라는 믿음 덕에 그 외로움을 극복해낼 수 있었을 것이다. 그런데 마흔이 지나고 몇 해가 지났을까, 어느 날 문득 어머니의 존재가 전처럼 그렇게 절실하지 않음을 깨닫고는 소스라치게 놀랐다. 내 안에서 어머니가 차지하는 자리가 차츰 작아짐을 느끼자 무슨 죄라도 지은 듯 당혹스럽기조차 했다.

어머니에게서 언제부터인지 당신의 낙(樂)이던 자식의 생일 챙기는 전화가 끊어진 것을 나는 한동안 모르고 지냈었다. 어느 해에는 내 생일이 엊그제였음을 뒤늦게 알고 전화를 하셨는데, 그런 어머니에게서 나는 당신의 늙음을 보았고 그 사실이 충격으로 다가왔다. 어머니는 이미 내가 의지할 든든한 나무가 아니라 내가 돌보고 보호해야 할 수명이 다해가는 고목이 되셨다는 것을 비로소 깨달았던 것이다.

어머니가 당신의 목숨보다 소중하던 자식들을 알아보지 못하기를 3년여. "나, 누구인지 아세요?" 하고 여쭈면 대답을 할 수 없어 미안한 듯 멋쩍은 미소만 지으셨다. 딸이 낯선 얼굴로 비치는 어머니, 대화를 나눌 수 없는 어머니를 뒤로 하고 돌아올 때 어머니는 이미 내 곁을 떠나셨다는 섬뜩한 느낌에 가슴이 무너져 내렸다. 기쁨을 함께 나누고 어려움을 하소연할 수 있는 어머니는 더 이상 계시지 않았다. 당신의 육신은 아직 존재하지만 영혼은 이미 내 곁을 떠나셨음을 인정해야 하는 아픔은 너무도 컸다.

누구인지도 모르면서 아무에게나 "감사합니다, 감사합니다."를 수없이 되뇌시던 어머니. 아마 슬픔도, 근심도, 미련도, 애착도, 켜켜이 쌓인 한도 모두 털어 버린 자유로움에 감사하신 것이 아닐까. 어머니는 이승을 떠나기 전에, 당신을 얽매고 있던 모든 인연의 줄을 놓아버리셨는지도 모른다.

이렇게 어머니는 나에게서 떠나가셨다. 육신이 떠나기도 전에 한 발짝 두 발짝 멀어져 갔다. 당신을 영영 떠나보내는 자리를 조금이라도 수월하게 해주려고 이렇게 마련하신 것은 아닌지. 내가 긴 세월 숱하게 겪으며 익숙해진 이별은 이 마지막을 위한 준비가 아니었을까.

황금빛 은행잎이 발끝에 채인다. 낙엽이 소리 없이 내려앉는다. 한껏 곱게 차려 입은 잎들을 가볍게 날려 보내는 모습이 아름답다. 백년이 거의 다 되도록 어머니가 걸치고 산 낡고 빛바랜 육신을 훌훌 벗어버리고 가시는 길도 날듯이 가벼우시리라.

(2002.)

카라꽃 한 다발

꽃샘추위가 유난히 옷섶을 파고들던 어느 날 저녁, 남편은 흰 카라꽃 한 다발을 안고 현관으로 들어섰다. 그이답지 않게 난데없이 웬 꽃다발인가 했더니, 겸연쩍은 얼굴로 '친절시민상'을 탔다고 했다.

그날까지 우리는 TV에 '좋은나라운동본부'라는, 별난 제목의 프로그램이 있는지조차 모르고 있었다. 우리나라를 방문했다가 출국하는 외국인들을 공항에서 인터뷰한 후, 그들이 체류 중에 친절을 베푼 사람들 중에서 한 사람을 골라 '베스트 친절시민상'을 준다는 것이다. 손님에게 할 도리를 한 것뿐인데 무슨 상을 주는지 모르겠다며 못내 민망해하는 남편을 바라보면서, 나는 문득 오래 전 일이지만 친절시민상을 꼭 주고 싶은 사람을 떠올렸다.

첫 아이를 낳은 지 겨우 6주가 되는 날, 우리는 남편의 첫 직장을 찾아서 장거리 여행을 떠나야 했다. 산후에 제대로 회복되지도 않은 몸으로 낯선 고장을 찾아가는 길이 힘들기도 했지만, 미국이라는 넓디넓은 땅에서 지도에서조차 한 번도 본 일이 없는 중부의 소도시를 찾아간다는 것이 불안하기조차 했다.

아직도 해가 긴 8월 말, 아침에 서둘러 떠났건만 목적지에 도착하니 날은 벌써 어두워 있었다. 우리는 가까운 모텔에서 하룻밤을 묵고 나서 다음날 대학을 찾아갔다. 남편은 관계자를 만나러 가고, 나는 아기 기저귀를 갈아주려고 화장실을 찾다가 마침 그곳에서 나오는 배가 불룩한 젊은 부인과 마주쳤다.

아기 엄마에 대한 임신한 여인의 본능적인 관심에서였을까, 그는 먼저 내게 말을 걸어왔다. 아직 집도 구하지 못한 우리 형편을 듣더니 자기 남편도 이 대학에서 강의를 한다면서 당장에 자기 집으로 가자는 것이었다. 그러고는 머뭇거리는 나를 떠밀다시피 데리고 갔다.

집에 들어가자마자, 그는 여기저기 전화를 걸어 보더니 마침 마땅한 집이 있다고 했다. 집이 비어 있으니 당장 내일이라도 들어갈 수 있다는 것이 아닌가. 긴 여행과 아기 때문에 몹시 지쳐 있던 나는 안도의 숨을 내쉬다가 그만 콧날이 시큰해졌다.

무거운 몸으로 그는 손수 음식을 만들어 우리에게 대접했다. 식사가 끝나자 그는 "몹시 고단할 터인데 우리 집에서 자고 가는 게 어때요?" 하면서 자신의 침실을 내주겠다는 것이었다. 순간, 말을 잘못 알아들은 것이 아닌가 하는 생각이 들었다. 그날 하루 종일 진 신세도 어떻게 갚아야 할지 모르겠는데, 부부의 침실까지

내어주겠다니 정말 믿기 어려운 일이었다. 한사코 사양했지만 그들의 호의를 끝내 거절할 수가 없었다.

나중에 알게 되었지만, 미국에서는 귀한 손님에게 주인 부부의 침실을 내어 주는 풍습이 있다고 한다. 그날 생전 처음 만난 우리를 그들은 귀한 손님으로 대접해준 것이었다. 만약 내가 그의 입장이었다면 피부색이 다른 낯선 사람에게 내 안방을 내어줄 수 있었을까? 아니, 이순(耳順)이 지난 지금이라도 그것은 결코 쉽게 할 수 있는 일이 아니다.

그날 하루의 일로 인해 우리는 오랜 친구 같은 사이가 되었다. 그는 장을 볼 때면 나를 자신의 차로 데리고 다니면서 장 보는 요령이며 미국 생활에서 필요한 여러 가지 정보를 일러주었다. 그에게서 미국의 여성, 어머니, 아내, 주부에 대해 나는 많은 것을 배웠다. 그뿐 아니라 우리가 그곳에서 두 학기를 지내는 동안 그는 나의 안내자요 상담자가 되어 주었다. 만약 그를 만나지 않았더라면, 유난히 눈이 많이 오고 추운 고장에서 지낸 그 겨울이 얼마나 길고 견뎌내기 힘들었을까.

마치 큰언니같이 자상하게 보살펴 주는 그에게 신세를 갚으려고 애쓰는 것을 눈치 채고는, 어느 날 그는 내게 이런 말을 했다. 그 자신도 두 해 전에 아는 이라고는 아무도 없는 그곳에 처음 왔을 때 선임 교수 부인에게서 많은 도움을 받았다고. 그때 그분에게서 받은 것을 나에게 갚는 것이니 너무 마음을 쓰지 말라고 하면서, 당신도 나중에 도움이 필요한 사람을 만나게 되면 그때 갚으면 되지 않겠느냐는 것이었다.

그 말을 듣는 순간 머리를 한 대 얻어맞은 기분이었다. 그는 나보다 두 살 아래였지만 참으로 그릇이 큰 사람이었다. 그 넉넉한 그릇에 넘치는 인정(人情)을 빨리 갚으려고만 했으니, 나는 부끄러운 생각에 고개를 들 수가 없었다.

그때까지, 남에게 진 신세란 그저 빨리 갚아야 할 빚과 같은 것으로만 알았다. 내게 베풀어준 친절이나 호의를 마치 빌린 돈을 갚듯이 반드시 그 사람에게 되돌려 주어야 마음이 개운했다. 하나를 받으면 하나를, 둘을 받으면 반드시 둘을 돌려 줘야 한다고 믿었다. 그런데 그것은 조바심을 치며 당장 갚아야 하는 빚이 아니라 사람과 사람이 주고받는 정이라는 것을 그는 내게 가르쳐 주었다. 내 작은 울타리 안의 가족이나 친지, 이웃끼리만 주고받는 것이 아니라, 지나가는 나그네이든 피부색이 다른 사람이든 함께 나눌 수 있는 것임을 나는 그에게서 배웠다.

그 후로 서른 해 하고도 여러 해가 지났다. 옛날 그 부인처럼 목이 긴 하얀 카라를 화병에 꽂으면서, 오래 전 내가 몹시 힘겨웠던 시절의 일이 가슴 뻐근하게 다가왔다. 긴 세월을 살면서, 그가 나에게 베풀어 준 그 넉넉한 인정(人情)을 나는 과연 어느 누구에게 얼마만큼이나 갚았을까 돌이켜본다.

(2001.)

고릴라 '벤티'

젊은 부부가 고릴라가 보고 싶다는 아이를 데리고 동물원에 갔다. 학교 운동장보다 넓은 우리에는 고릴라 가족들이 여기저기 무리지어 놀고 있었다. 우리에는 어른 키보다 조금 낮은 울타리가 둘러쳐져 있어서 아빠는 댓 살 된 아이를 목마를 태우고 구경을 시켰다. 아이가 목마르다고 해서 아빠는 마실 것을 사러 매점으로 가고, 엄마가 잠시 한눈을 파는 동안에 아이는 고릴라를 좀 더 가까이 보려고 울타리를 기어 올라갔다. 울타리에 걸터앉아서 구경을 하던 아이가 실수로 그만 우리 안으로 떨어지고 말았다.

아이는 땅에 떨어지면서 충격으로 기절했다. 구경꾼들의 비명소리에 놀란 아이의 부모는 발만 동동 구르고 있었다. '벤티'라는 어미 고릴라가 쓰러져 있는 아이를 보자 곧장 아이에게 다가갔다. 구경꾼들은 '이제 저 아이는 죽었구나' 생각하며 사육사가 한시바삐 무슨 조치를 취해 주기만 가슴을 졸이며 기다리고 있었다.

그런데 뜻밖에도 벤티는 두 손으로 조심스럽게 아이를 들어 올리더니 제 새끼인 양 품에 안았다. 마치 잠든 아기를 품에 안은 엄마의 모습과도 같았다.

사육사는 벤티에게 조심스럽게 다가가서 아이를 달라고 했지만, 벤티는 아이를 안고 슬금슬금 달아날 뿐이었다. 사육사는 아이를 내놓으라 하고 벤티는 자꾸 달아나고, 이렇게 둘이서 한참 승강이를 벌이다가 벤티는 아쉽다는 듯이 아이를 사육사에게 넘겨주었다. 사람들은 안도의 숨을 내쉬며 벤티를 향해서 뜨거운 박수를 보냈다.

이 사건은 미국에서 있었던 일인데, 어느 구경꾼이 그 광경을 처음부터 끝까지 캠코더로 찍은 것이다. 얼마 전 공중파 방송에서 이 사건을 보면서 가슴이 찡 하는 감동을 받았다. 그러나 한편으로는 인간의 우월감에 대해서 허를 찔린 듯한 느낌을 지울 수가 없었다.

'인간은 만물의 영장'이라는 인간의 우월 의식을 어미 고릴라 벤티가 여지없이 무너뜨린 것이었다. 우리는 동물을 인간보다 열등한 존재로 인식하기 때문에 사람답지 못한 행동을 하는 이를 가리켜 흔히 '금수 같은 놈'이니 또는 '짐승만도 못한 놈'이라고 한다. 그러나 벤티가 인간보다 못하다고 누가 감히 말할 수 있을까. 과연 인간이 그런 말을 할 자격이 있는 것일까 생각해 보게 된다.

IMF 사태 이후에 고아원에 버려진 아이들이 많다고 한다. 창밖을 내다보며 부모가 찾아오기를 하염없이 기다리고 있는 아이들의 슬픈 눈망울을 TV 화면으로 보면서 우리의 현실이 그 지경에 이른 것이 너무도 가슴 아팠다. 무엇보다도 고귀하고 강한 것이라고 믿었던 모성 본능이 이 시대에 와서 폐기 처분 되어가고 있는 것만 같아서 슬펐다.

요즘 이혼하는 부부들이 날로 늘어나고 있는데 대부분 아이들을 맡지 않으려고 서로 책임을 떠넘긴다고 한다. 어떤 이들은 이혼하는 법정에 아이들을 버리고 가기도 하는데, 아이들은 버리지 말아 달라고 부모에게 울며 매달린다고 하니 사람으로서 이럴 수가 있을까. 동물들이 먹이가 없다고, 또 먹이를 찾는 데 방해가 된다고 해서 새끼를 버렸다는 이야기는 들어본 적이 없다.

동물은 제 새끼의 양육과 교육만은 철저하게 책임진다. 어미는 새끼에게 먹이를 구하는 방법을 가르치고 훈련시킨 다음에 새끼가 홀로서기를 할 수 있다고 판단하면 가차 없이 그들을 독립시킨다. 그러나 동물의 새끼들도 인간과 마찬가지로 어미 곁을 쉽게 떠나려 하지 않기 때문에 어미 사자는 때가 되면 새끼를 매정하게 벼랑에서 밀어버린다고 한다.

진정한 자식 사랑은 그런 것이 아닐까? 그런데 그것이 내게는 왜 그리도 어려운지 알 수 없다. 20년 가까운 교육 과정을 마치고 어엿한 사회인이 되어 제 둥지를 틀고 떠나가는 아들을 지켜보며 살점이 떨어져 나가는 듯한 아픔을 느끼다니. 그리고 알뜰살뜰 살아가는 자식이 한없이 대견하면서도 때로는 가슴 한 구석에 알 수 없는 쓸쓸한 바람이 스치는 건 또 무엇인지. 이럴 때면 나는 어미 사자를 떠올리곤 한다.

곰 사냥에 관한 이야기를 읽은 적이 있다. 사냥꾼들 사이에서 새끼를 쏘는 것은 금기 사항이다. 새끼들을 몰고 다니는 어미 곰을 며칠 동안 쫓다가 잡지 못하자 포수는 금기 사항을 알면서도 그만 홧김에 새끼들을 쏘아 버리고 만다. 죽은 새끼 곰들을 둘러메고 돌아가는 포수 뒤를 어미 곰이 일정한 간격을 두고 따라오더라는 것이다. 어미 곰은 이미 자신의 목숨을 포수에게 내어준 것이었다.

이런 것이 바로 동물적인 자식 사랑이다. 인간의 모정 또한 우리는 흔히 동물적 본능이라고 말해 왔다. 그런데 21세기에 들어선 오늘, 인간의 본능 중에 가장 고귀한 것으로 알려졌던 '모성 본능'이 퇴화되어 버린 것일까. 자식에 대한 사랑만은 곰의 그것처럼 순수하고 본능적이었으면 싶다.

고릴라 벤티가 인간의 말을 알아들을 수 있다면, "짐승 같은 놈이라고? 웃기고 있네." 할 것만 같다. 살기가 힘들다고 제 새끼를 버리는 동물이 혹시 있다면, "저 인간 같은 놈"이라고 할 것만 같다.

(2005.)

그래도 오늘이

신록은 거침없이 싱싱한 녹음을 준비하고 있었다. 모처럼 동창들과 서울 탈출에 나섰다. 녹색이 짙푸르게 능선을 덮어가고 있는 설악산으로 향했다. 등산다운 산행도 하고 온천도 즐기려는 야무진 계획으로 열다섯 명이나 되는 대부대가 움직인 것이다.

콘도까지 가는 버스에 올라 각자 자리를 잡은 다음 주위를 둘러보니 다른 승객들의 연령층이 우리 일행보다 조금 높아 보였다. 사실 휴가철도 아니고 게다가 주말도 아닌데 여행을 떠날 수 있는 사람이란 노년층밖에 없을 터이다.

다음날 아침, 엘리베이터에서 전날 버스에 함께 탔던 부인들을 만났다. 그분들 역시 산행 채비를 완벽하게 갖추고 있었다. 궁금증이 유별난 친구가 "실례지만 연세가 어떻게 되세요?" 하고 물었다. 우리보다 꼭 10년이 위였다. 그 대답을 듣자마자 이번에는 입바른 친구가 "우리도 앞으로 10년은 희망이 있구나." 하는 말을 잊지 않는 것이었다.

2박 3일의 여정을 마치고 버스에 오르니 서울을 떠날 때 본 얼굴들이 같은 자리를 차지하고 있었다. 한나절 만에 잠실 정류장에 도착하자 우리는 재빨리 짐을 챙겨 먼저 버스에서 내렸다. 그때 맨 앞자리에 앉아 있던 아주머니가 "좋은 때입니다. 많이들 다니세요." 하는 게 아닌가. 순간 나는 그게 무슨 소리인지 어안이 벙벙했다. 다음 순간 그 뜻을 알아차리고는 실소를 터뜨리고 말았다. 우리들에게 '좋은 때'라니. 참으로 즐거운 충격이었다.

그날 이후로 '좋은 때'라는 그 말이 내 머리 속에서 계속 맴돌았다. 내 삶에서 좋은 때가 있었나. 언제가 가장 좋은 때였을까. 고희의 문턱을 코앞에 둔 지금이 좋은 때일 수 있을까. 그러다 어떤 책에서 읽은 이야기가 문득 떠올랐다.

외국의 어느 TV 프로그램에서 있었던 이야기이다. 12명의 방청객에게 인생을 즐길 수 있는 가장 좋은 나이가 언제냐고 물었더니 그들의 나이에 따라 다른 대답이 나왔다. 어린 소녀부터 11명의 사람들이 제가끔 좋은 나이에 대해 말했다. 두 달 된 아기라고 소녀는 말하고, 혈기 왕성한 스물다섯이 가장 좋은 나이라고 하기도 하고, 또 어떤 이는 마흔이 인생의 정점이라고도 했다. 어떤 부인은 가사 책임에서 놓여날 수 있는 쉰다섯이라고 하고 또 머리가 벗어진 남자는 직장에서 은퇴한 예순다섯쯤이 인생을 편안하게 살 수 있는 나이라고 말하기도 했다. 그때까지 다른 사람들의 이야기를 주의 깊게 듣고만 있던 나이 많은 할머니가 이렇게 말했다. “모든 나이가 다 좋은 나이지요. 여러분, 지금 자기 나이가 주는 즐거움을 마음껏 즐기세요.”

그 할머니의 말처럼 사실 어느 나이든 그 나이에만 가질 수 있는 즐거움과 축복이 분명히 있다. 그러나 한편 그 나이에 겪게 되는 어려움과 고뇌도 있게 마련이다. 그런데 우리는 그 한가운데에 있을 때는 그것을 축복으로 느끼기보다는 어려움의 무게에 짓눌려 허덕인다. 그러다 어느 날 문득 지나간 날들이 더없는 축복이었다는 것을 뒤늦게 깨닫고는 가슴을 치며 “아, 옛날이여!”를 외친다.

고교 시절에 국어 교과서에서 배운 “청춘! 이는 듣기만 하여도 가슴이 설레는 말이다.”라는 「청춘예찬」의 한 구절이 생각난다. 그때 그것을 읽으며 우리가 그토록 멋진 청춘을 살고 있다는 것을 알고 있었을까. 아니, 오히려 그 청춘을 하루빨리 벗어나야 할 멍에와 같은 것으로 여기지 않았나 싶다. 시험지옥과 우리가 겪고 있던 갈등과 방황으로부터 속히 벗어나기만을 바랐던 것 같다.

「청춘예찬」의 작가 민태원님도 이미 자신의 청춘이 꿈같이 지나가버린 자리에서 그때를 가슴 아리게 그리워하며 그 글을 썼으리라. 지나간 세월은 그리움이란 빛깔로 덧칠이 되어 아련하고 아름답게 보이기 마련이다. 하지만 만약 나에게 과거를 그대로 다시 살라고 한다면 한사코 손사래를 칠 것만 같다.

철이 들기도 전에 벌어진 6·25라는 동족상잔의 소용돌이 속에서 나는 세상에 눈을 뜨기 시작했다. 그 뒤로 우리가 겪어야 했던 고난의 세월들. 나와 같은 시대를 산 사람들은 지금 그들의 자식들이 상상조차 하지 못할 고달프고 힘겨운 삶을 살아오지 않았던가. 그렇다고 해서 보랏빛 낭만과 무지갯빛 꿈마저 상실한 불모의 삶을 산 것은 물론 아니었지만.

사실 우리 삶에서 좋지 않은 나이라는 게 어디 있겠는가. 나이가 적든 많든 오늘이 내 삶에서 가장 좋은 때가 아닐까. 삶은 과거나 미래에 있지 않다. 바로 지금, 이 자리에, 이렇게 살고 있는 것이 내 삶이다. 오늘, 이 순간을 어떻게 사느냐가 무엇보다 중요한 것이다.

이제, 내게 지워진 책임과 도리를 할 만큼 다하고 나니 태산처럼 무거운 짐을 내려놓은 듯 홀가분하다. 유년기 이후의 내 삶에서 이렇게 여유롭고 자유로운 적이 있었던가. 일찍이 가져보지 못한 자유와 여유를 즐길 수 있는 몸과 마음의 건강을 지니고 있으니 더 바랄 것이 무엇인가. 아무리 생각해 봐도 지금 이 순간만큼 좋은 때가 없다고 감히 말할 수 있을 것 같다.

파블로 네루다가 그의 시에서 읊었듯이 "우리가 숨 쉬고 있다는 것과 이 땅에 살고 있음에 대해 건배"를 해야겠다. 지금 내게 주어진 모든 것에 감사하며 노을 속에서 산책을 즐기듯 그렇게 오늘을 살련다.

(2006.)

덕수궁 돌담길

덕수궁 길로 들어섰다. 이쪽으로 발길을 하는 것이 얼마만인가. 나는 초등학교 5년 동안을 이 길로 학교에 다녔다. 그 시절 정동에는 학교가 여럿이 있었기 때문에 등하교 시간에는 떠들썩하다가 학생들이 썰물처럼 빠져나가고 나면 다시 조용해지는 꽤나 한적한 길이었다.

책가방을 메고 학교에 가는 초등학생에게 돌담은 끝이 없는 듯이 길었고 궁궐의 담은 아득하게 높기만 했다. 대한문에서부터 오른쪽에 궁궐의 담을 끼고 가는 이 넓은 골목길의 왼쪽에는 법원의 낮은 울타리가 있었다. 얼마 가다가 법원의 울타리가 끝나는 곳 맞은편에서 만나게 되는 솟을대문은 미국 대사관저의 정문인데, 높고 큰 대문 옆에 하얀 헬멧을 쓴 키가 큰 미군 헌병이 부동자세로 서 있었다. 나는 한 번도 그 문이 열리는 것을 본 적이 없었기 때문에 그 안이 어떻게 생겼을까 늘 궁금했다.

대사관저의 돌담과 궁궐의 돌담을 양쪽에 두고 세종로로 통하는 길은 놀랍게도 50여 년 전이나 달라진 것이 없다. 다만 거목이 되어가는 나무들이 세월의 흐름을 말해주고 있을 뿐이다. 몇 걸음 가다 보니 구세군의 빨간 벽돌 건물이 나를 기다리고 있었던 듯 옛 모습 그대로 서있다. 단발머리 소녀가 가방을 메고 신발주머니를 달랑거리며 가는 모습이 떠오르며 콧날이 시큰해온다.

내가 다니던 초등학교는 널찍한 골목길을 가운데 두고 여중과 교문을 마주하고 있었다. 초등학교를 졸업하고 나서 나는 맞은편의 여중에 입학했기 때문에 중학생이 되어서도 여전히 같은 길로 학교에 다녔다. 그러나 명문 여중에 입학했다는 기쁨도 잠시, 새 교복에 파란 배지를 뽐내며 중학생이 된 기분을 맛보기 시작할 즈음, 느닷없이 휴교에 들어갔다. 그때는 6월에 학기가 시작되었는데 입학한 지 겨우 20여 일만에 북에서 남침을 시작한 것이었다. 다시 학교가 문을 열 때까지 집에서 노는 석 달 동안에 나는 너무도 많은 것을 잃었다.

모두가 함께 겪은 전쟁이니까 누구나 나와 비슷한 불행을 겪었으리라고 생각했다. 9·28수복이 된 후에 학교에 갔는데 동무들은 모두 아무 일도 없었던 것처럼 보였다. 그들이 여전히 명랑하고 구김살 없어 보이는 것이 놀랍기만 했다. 초등학교를 함께 다녔던 아이들도 왠지 모두 낯설어 보였고 나 혼자만이 전과 다른 사람이 된 듯했다. 전쟁을 겪은 것은 오로지 우리 가족뿐인 것처럼 느껴졌다.

인민군이 서울을 점령하고 한 달 남짓 된 어느 날, 아버지는 "곧 다녀오리다."라는 말 한마디를 남기고 보위부 사람들과 함께 집을 나가셨다. 그 후 아무 소식이 없었다. 그리고 이미 여대를 졸업하고 좌익 운동에 가담했던 큰언니는 공산군이 후퇴를 시작하자 그들과 함께 북으로 갔다. 느닷없이 닥쳐온 이 엄청난 불행은 나를 비밀이 많은 아이로 만들었다.

열세 살 계집아이가 수용하기 어려운 이 이율배반적인 사실을 누가 알게 되지 않을까 하는 두려움이 가슴을 짓눌렀다. 우리 집 사정을 잘 아는 가까운 동무들을 은연중에 멀리하게 되었고 재잘거리기 잘하던 나는 납덩이를 삼킨 것같이 조용한 아이가 되어갔다. 게다가 덕수궁 돌담 밑의 처참한 현장을 목격했다는 사실이 나를 더욱 참담하게 만들었다. 나는 그 장면을 내 기억의 필름에서 도려내고 싶었다.

인천 상륙 작전으로 서울이 수복되고 며칠이나 지났을까, 거리에는 지나다니는 사람들도 별로 없던 때였다. 무슨 다급한 일이었는지 어머니는 나를 '관상대(觀象臺)' 뒤에 있는 친척집으로 심부름을 보내셨다. 내키지 않는 걸음으로 집을 나와 덕수궁 길로 들어서자 담 밑에 가마니로 덮어놓은 것들이 즐비했다. '저게 다 뭘까?' 하는 궁금증에서 유심히 보니, 가마니 밑으로 군화가 삐죽이 나와 있는 게 아닌가. 인민군의 시체였다. 가마니에 덮여 있는 그 많은 것들이 모두 시체였다.

나는 두 손으로 눈을 가렸다. 가슴이 오그라드는 것 같았다. 당장 돌아서서 집으로 달려가고 싶었지만, 어머니의 심부름을 팽개치고 그냥 돌아갈 수는 없었다. 이를 악물고 정신없이 앞으로 달렸다. 이제 돌담은 다 지나왔겠지 하고 숨을 돌리고 보니, 어느덧 관상대로 올라가는 고갯마루에 와 있었다.

집에 돌아와서 나는 어머니에게 가마니에 덮인 그 많은 주검에 대해서 차마 이야기하지 못했다. 도저히 입 밖에 낼 수가 없었다. 그 장면을 다시 떠올리고 싶지도 않았다. 더구나 어머니가 그걸 아시면 인민군에게 끌려가신 아버지가 만에 하나라도 그런 끔찍한 일을 당하지나 않았을까 하는 생각을 하실까 봐 두려웠다. 오랜 세월 동안 나는 그 일을 누구에게도 말할 수 없었고 그것은 내 가슴속에 숨겨 놓은 또 하나의 비밀이 되고 말았다.

그날 이후로 덕수궁 길은 더 이상 나의 등하굣길이 될 수는 없었다. 나는 짐짓 덕수궁 담을 피해 다녀야 했다. 시청을 지나서 '서울신문사' 앞으로 가다가 '조선일보사' 쪽으로 길을 건너서 학교로 갔다. 물론 그날의 현장은 깨끗이 치워졌겠지만, 가마니 밑으로 삐죽이 나와 있던 군화가 나의 뇌리에서 지워지지 않았다.

세월이 가면서 예전이나 조금도 다름이 없어 보이던 아이들도 나와 비슷한 불행을 겪은 경우가 적지 않다는 사실을 알게 되었다. 그리고 전쟁은 많은 사람들에게 아픔과 상처를 주었고 우리 삶을 마구 짓밟고 구겨 놓았음을 깨닫게 되었다. 그 깨달음은 나에게 크나큰 구원이었다. 마치 큰 죄를 짓고 남의 눈을 피해 다니는 사람처럼 가슴 졸이던 나를 그 고통에서 조금씩 끌어내 주었다. 하지만 내 가슴 저 밑바닥에 드리워진 짙은 그늘은 좀처럼 거둬낼 수 없었다.

세월은 단발머리 소녀를 반백의 노인으로 바꾸어 놓았고, 이제 서울도 내 모습만큼이나 변해 버렸다. 하지만 덕수궁 돌담길은 예전이나 크게 달라진 게 없다. 오늘 이 길은 연인들의 데이트길, 서울 시민이 '걷고 싶은 길'로 선정한 한가롭고 평화로운 길일 뿐, 이곳에서 수많은 젊은 주검들이 세월과 함께 잊혀져 갔음을 어느 누가 알고 있을까.

'세월이 약'이라는 말 그대로 50년이라는 세월은 긁히고 찢긴 상처에 새살이 돋아나고 아물게 해 주었다. 하지만 아무리 좋은 약이라고 해도 그 아문 생채기 밑의 피멍까지 말끔히 치유하지는 못했으리라.

초가을 파란 하늘에 무심한 구름 한 점이 떠가고 있다.

(2000.)

東과 西가 만나는 곳

입국 수속을 마치고 나오니 때마침 야자수 잎을 찢어버릴 듯한 기세로 퍼붓는 스콜이 한여름의 열기를 식혀주고 있었다. 터키항공에 몸을 싣고 11시간의 비행 끝에 찾아온 이스탄불, 이 고도(古都)는 보스푸루스 해협을 사이에 두고 유럽과 아시아 대륙이 만나는 교차로이다.

2002년 월드컵경기로 인해 터키가 우리나라와는 특별한 인연을 갖고 있다는 사실을 알게 되었다. 6·25전쟁 때 미국 다음으로 많은 군인들을 한국에 파병했던 나라. 전쟁터에서 함께 싸운 인연으로 한국을 '형제의 나라'라고 부른다는 사람들을 만나보고 싶었다.

이스탄불은 동로마제국의 수도답게 중심가에는 아직도 원형경기장과 오벨리스크 같은 비잔틴 유적이 남아 있다. 우리 일행이 제일 먼저 찾은 곳은 '아야 소피아'(성당)이다. 세계에서 현존하는 가장 오래된 교회라는데 지금은 박물관으로 사용되고 있다. 중앙 홀에 들어가 돔을 쳐다보는 순간 나는 그 규모와 아름다움에 압도되고 말았다. 이것이 1,500여 년 전의 건물이라니! 그 긴 세월 동안 본래의 모습을 지니고 있다는 사실이 놀랍기만 했다.

지름이 32m인 원형 지붕은 높이가 56m나 된다니 요즘 아파트로 치면 거의 20층이나 된다. 그 거대한 돔이 공중에 떠 있는 것 같다. 돔 아래에 뚫린 40개의 창을 통해 들어온 빛이 흰 대리석 돔 천장과 실내를 하얗게 밝히고 있다. 이 어마어마한 건축물이 오직 기둥 4개에 의지하고 있다 하니, 그 시절 건축 기술이 그 정도로 발달했었다는 사실에 벌어진 입을 다물기 어려웠다.

고개를 한껏 뒤로 젖히고 까마득하게 높은 천장을 쳐다보다가 문득 서울의 삼풍백화점 붕괴 사건이 생각났다. 홀을 넓게 만들기 위해 설계도에서 기둥 몇 개를 빼버렸기 때문에 건물이 무너져 내려 수백 명의 목숨을 앗아간 참사를 그 어마어마한 공간에서 떠올리며 나는 한없이 작아지는 느낌이었다.

15세기 중반에 오스만 트루크가 콘스탄티노플을 점령한 후, 이슬람교도인 그들은 그리스도교 성전을 파괴하지 않고 그들의 사원인 모스크로 사용했다. 세계 역사에서 정복자들은 문화재를 약탈하고 파괴하는 것이 불문율이 아닌가. 그런데 무슬림의 술탄(왕)은 성당의 벽면을 장식한 아이콘(성화)을 회분 칠로 덮고 그 위에 아라베스크(당초) 문양을 그려 넣게 했다.

이슬람에 대한 깊은 지식이 없는 내게, 이슬람이라고 하면 먼저 떠오르는 것은 '눈에는 눈, 이에는 이'였다. 그리고 그 철두철미한 보복 정신이 불러온 자살 폭탄과 미국의 세계무역센터 폭파 사건 같은 테러뿐이었다. 그런데 사람 형상은 모두 우상 숭배로 간주하는 그들이 기독교 성화 위에 덧그린 당초 문양을 바라보며 이슬람에 대한 내 편견을 버리지 않을 수 없었다. 이교도의 문화에 대한 그들의 포용력과 관용에 머리가 숙여졌던 것이다. 그들은 분명 성숙한 문화 민족이 아닌가.

오스만 트루크가 콘스탄티노플을 점령하고 나서, 젊은 술탄은 신하와 함께 말을 타고 시내를 거닐다가 소피아 성당으로 가게 되었다. 성당에 들어간 왕은 잠시 할 말을 잃은 채 뚫어지게 앞을 바라보기만 했다. 잠시 후 제단으로 다가가다가 병사 한 명이 대리석 바닥을 도끼로 찍고 있는 것을 보게 되었다. 왕이 병사에게 왜 그런 짓을 하느냐고 묻자 그는 "나의 신앙 때문에."라고 대답했다. 그러자 왕은 장검을 들어 병사를 후려치고 밖으로 끌어내게 했다.

이 일화를 들으면서 나는 또 우리의 옛 중앙청 건물을 떠올렸다. 그것은 일제가 조선 왕조의 기를 잘라 버리려는 목적으로 그 자리에 세운 것이다. 하지만, 독일 건축가의 설계로 지은 화강암 건물은 사실 대단히 훌륭한 건축물이었다. 그것을 헐어 버린다고 해서 우리 민족의 부끄러운 역사가 지워진단 말인가. 차라리 36

년간의 수치스러운 역사와 일제의 만행을 상기시키는 증거물로 그 자리에 그대로 두는 것도 의미가 있지 않았을까.

550여 년 전, 21살밖에 안 된 나이 어린 왕은 20세기의 우리 위정자보다 예술을 사랑하고 이교도의 문화도 존중하는 포용력과 자신감을 지니고 있었다. 20세기 초반에 터키공화국이 탄생한 후에 소피아 성당의 아라베스크 문양을 벗겨내다 보니 무려 7㎝나 되는 두꺼운 회분 칠 밑에서 기독교 성화가 나타났다. 성화 복원 작업을 진행하는 동안 당초 문양도 보존되어야 한다는 여론이 일어나자 그 일은 중단되었다. 까마득하게 높은 돔의 한가운데에 아랍어로 "알라는 하늘과 땅의 빛이니."라는 마치 도안 같은 글자가 그대로 남아 있다.

소피아 성당 안에서는 동과 서, 예수와 마호메트, 기독교와 이슬람이 한 지붕 아래에서 사이좋게 공존하고 있다. 이스탄불은 유럽과 아시아 대륙이 만나는 교차로이니 실로 마땅한 일이 아닌가. 게다가 예수와 마호메트가 모두 아브라함의 자손이니 그렇게 지내는 것이 당연하다는 생각이 들었다.

밖으로 나와 주변을 둘러보았다. 보스푸르스 해협을 바라보며 위풍당당하게 서 있는 '아야 소피아'의 흰 대리석 돔이 푸른 바다를 배경으로 하얗게 떠 있다. 길 건너편 광장 너머에는 '블루 모스크'의 첨탑들이 키 자랑이라도 하듯 까마득하게 솟아 있다. 하늘을 찌를 듯한 첨탑이 이슬람의 불굴의 의지를 과시하려는 것만 같아 잠시 기분이 언짢아지려 했다. 소피아 성당 밖의 세상에서도 성당 안에서처럼 동과 서가 평화롭게 공존할 수는 없을까. 느닷없이 반세기가 넘도록 남과 북으로 두 동강이 나 있는 우리 한반도가 생각났다. 평화란 왜 그토록 얻기 어려운 것일까.

구 시가지의 골목에서 예닐곱 살쯤 돼 보이는 아이들을 만났다. 우리들을 보자 "대~한민국"을 외쳐댄다. 나도 아이들과 함께 "대~한민국"이라고 소리치다가 왠지 코끝이 싸해졌다.

(2007.)

탑돌이를 하며

가을은 익을 대로 익어 이미 그 절정을 지나고 있었다. 황홀하게 물든 나뭇잎들은 소슬한 바람 한 자락에도 우수수 흩어져 내렸다. 우리는 태백에서 기차를 내려 2km 남짓한 길을 차를 타는 대신에 걷기로 했다. 푸르디푸른 하늘을 배경으로 나비의 날갯짓인 듯이 나부끼는 낙엽과 대화를 나누며 호젓한 산길을 걸었다. 만추의 정취에 취해 마냥 걷다 보니 어느새 멀리 절집 처마가 보였다.

돌이켜 보니 벌써 15년이라는 세월이 훌쩍 지난 때의 일이다. 동창들 십여 명이 대학을 졸업한 후 스님이 된 친구가 주지로 있는 절을 찾아갔다. 졸업 후 그를 처음 만나는 것이니 아마 30여 년만의 해후였다. 오랜 세월 속세를 떠나 살아온 친구는 어떤 모습일까 모두들 무척 궁금해 하는 눈치였다.

대학 시절에 고교생의 가정교사를 하던 그 친구는 어느 날 그

집에 놓여 있는 부처상을 보는 순간 무어라 말하기 어려운 큰 감동을 받았다고 한다. 할아버지가 목사였고 독실한 기독교 가정에서 자란 그가 불교에 입문하려 하자 집안에서는 난리가 났다. 그러나 부모님들의 극심한 반대를 무릅쓰고 그는 대학을 졸업하자마자 머리를 깎고 말았다.

파랗게 빛이 날 정도로 박박 깎은 머리와 소녀의 피부처럼 맑고 밝은 그의 얼굴에서 세속에 물들지 않은 내면이 비쳐 나오는 것 같았다. 그는 토굴 속에서 백일 동안 정진(精進)을 하고 나온 지 얼마 되지 않았다고 했다. 하지만 우리가 범접하기 어려운 그런 괴리(乖離)는 그에게서 느껴지지 않았다. 그는 여전히 우리의 옛 친구 그대로인 것 같았다.

건물이라고는 대웅전과 산신각 그리고 조촐한 요사채뿐이었다. 아직 제대로 자리가 잡히지는 않았지만 깊은 산중에 계곡을 끼고 자리 잡은 절터는 명찰의 터가 분명했다. 친구 스님은 절을 둘러싸고 있는 산세(山勢)를 설명하다가 산 중턱에 새로 세운 영령탑(英靈塔)이 있다고 했다. 자정에 그 탑을 돌면서 소원을 빌면 그 기도가 반드시 이루어진다는 것이었다. 우리들은 하룻밤 묵을 방에 들어가자마자 "우리나라 불교는 아직도 세속적인 기복 신앙 수준에 머물러 있다."고 하면서 저마다 비판의 말들을 쏟아냈다.

우리는 이른 저녁 공양을 마친 다음 초저녁부터 한잠을 잤다. 그러곤 약속이라도 한 듯이 모두 자정이 되기 전에 일어나 두툼하게 옷을 껴입고 우르르 밖으로 나갔다. 깊은 산 속의 한밤중, 늦가을의 대기는 오싹하게 찼다. 하늘에는 구름이 끼었는지 별들조차 보이지 않았다. 어디서 산짐승의 울음소리라도 들려올 듯 으스스해서 선뜻 발걸음이 떨어지지 않았다.

별들조차 숨어버린 어둠 속에서 우리는 전짓불 하나에 의지한 채 험한 산등성이를 오르기 시작했다. 네 발로 기다시피 하며 더듬더듬 올라갔다. 오직 기도가 이루어진다는 그 탑을 찾아가기 위해.

우리는 한 줄로 서서 탑을 돌기 시작했다. 늦가을 밤, 칠흑 같은 어둠 속에서 싸늘한 밤공기를 가르며 십여 명의 중년 여인들이 탑돌이를 한 것이다. 우리들의 종교는 다양했다. 불교, 원불교, 천주교, 기독교 그리고 무종교에 이르기까지. 그러나 그런 것은 그날 밤에는 아무 문제가 되질 않았다.

얼마나 탑을 돌았을까, 하늘에는 초승달이 실눈썹 같은 모습을 드러내고 있었고 쏟아질 듯 별들이 총총했다. 탑을 돌고 있는 친구들의 모습이 내 눈에는 오랜 세월 탑돌이를 해왔던 사람들처럼 그토록 자연스러워 보였다. 그러면서 문득 먼 옛날 신라의 여인들도 우리처럼 이렇듯 탑을 돌지 않았을까 하는 생각이 퍼뜩 드는 것이었다. 우리의 피 속에는 아득하게 먼 조상의 여인들과 동질의 정서가 흐르고 있다는 느낌이 나를 사로잡았다.

무엇을 비느냐고 아무도 묻지는 않았지만 우리는 알고 있었다. 종교도 교육 수준의 높고 낮음도 자식을 위해서 빌고 싶은 어미의 마음 앞에서는 아무 의미가 없다는 것을. 아마 어떤 이가 그때 우리의 모습을 보았다면 "몇 시간 전만 해도 기복 신앙이니 무어니 하며 잘난 체를 하더니…." 하며 비아냥거렸을지도 모른다. 하지만 탑돌이가 소원을 이루어 준다고 진심으로 믿는 사람이 있었을까. 다만 우리 모두가 '지성이면 감천'이라는 소박한 진리를 믿고 싶었을 따름이었으리라. 우리는 차가운 어둠을 가르며 탑을 돌고 또 돌았다.

어떤 스님이 하신 말씀이 생각난다. 부처님 앞에서 기도하는 여인들은 열이면 열 모두 자식을 위해서 빈다는 것이었다. 오직 '자식 잘되게 해 달라'는 것이 그들의 소망이라는 말이었다. 그 기도는 어쩌면 맹목적이고 극도로 이기적인 욕심으로 보이기까지 한다. 그러나 모정이란 본래 그토록 본능적이고 무조건적인 게 아닌가. 아마도 어머니라는 이름으로 불리는 모든 여인들은, 지성인이라고 자부하는 현대의 여성이건, 초등교육도 제대로 받지 못했던 우리 할머니들이건, 모성이라는 시간과 공간을 초월하는 정서에서 벗어날 수 없는 운명을 타고났다는 생각이 나를 놓아주지 않았다.

늦가을, 스산한 바람결에 마른 나뭇잎들이 흩날릴 때면, 어둠 속에서 탑을 돌던 중년 여인들의 모습이 떠오른다. 그러고는 어김없이 아릿한 아픔 한 줄기가 가슴 한 구석을 긋고 지나간다.

(2004.)

밥이나 같이 먹지

이사할 일은 생각만 해도 머리가 아프다. 요즘은 포장이사를 하니까 내가 짐을 꾸릴 일이 없다고는 해도 깨지기 쉬운 크리스털 잔이나 찻잔 같은 것들은 미리 내 손으로 싸야 한다. 막상 그릇들을 내놓고 보니 의외로 그 수가 많다. '내가 이렇게 그릇을 많이 갖고 살았나?' 이제는 남편과 두 식구뿐이니 사실 밥그릇, 국그릇과 접시 몇 개면 충분하다. 그런데 왜 그토록 많은 그릇이 필요한지 알 수 없다. 따지고 보니 그 많은 그릇들은 거의가 손님용이다.

10여 년 전까지만 해도 크고 작은 손님 접대를 모두 집에서 치렀다. 시부모님 두 분과 시할머니까지, 세 분 어른들의 생신 잔치에서부터 명절, 남편의 손님 접대와 내 동창 모임까지, 손님을 치를 일이 한두 가지가 아니었다. 그러다 보니 그릇이 자꾸만 불어난 것이다.

집에서 손님을 치르려면 우선 김치 담그는 일부터 시작해야 한다. 그 다음에 메뉴를 짜고 장을 봐야 하는데 그 일이 한 번에 끝나면 얼마나 좋으랴. 목록을 만들어 가지고 나가지만 집에 와서 보면 빠진 게 두어 가지가 반드시 있게 마련이다. 재료 구입이 모두 끝나면 그때부터 요리 준비 작업에 돌입한다. 사실 모든 준비가 되어 있는 상태에서 지지고, 볶고, 끓이는 조리 작업만 한다면야 그다지 어려운 일도 아니다. 그 사전 작업과 만찬이 끝난 다음의 뒤처리가 사실 요리하는 시간의 몇 배나 걸린다. 그러니 이제 노인의 대열에 낀 내가 선뜻 집에서 접대할 생각을 내기는 쉽지 않다. 요즘은 밖에서 손님 접대 하는 것이 일반화되어 그나마 다행이다. 식당에서 접대를 하면 성의가 없는 것으로 치부되어 흉이 되던 시절도 있었으니 말이다.

우리는 친구나 지인을 우연히 만나게 되면 흔히 "언제 밥이나 같이 먹지." 라는 말로 헤어지는 인사를 대신하기 일쑤다. 그 말이 빈말이 되는 일이 다반사이기는 하지만, 친근감의 표시로는 꽤 그럴 듯한 언약이다. 기실 밥을 같이 먹는 일은 그 행위 이상의 의미를 지닌다.

몇 년 전에 일본 오사카 근교의 이바라기라는 작은 마을에 있는 피정(避靜)의 집에서 묵상회를 가진 적이 있다. 삼나무와 대나무 숲이 울창한 산골 마을이어서 잠시 세속을 떠나 기도하기에는 더없이 좋은 곳이었다. 침묵 속에서 기도하고 묵상하고 성경 강의를 듣는 피정이었다. 집 안에서는 절대로 입을 열면 안 되고 집 밖에

서만 말이 허용됐다. 우리 일행 20여 명은 일주일 동안 한 집에서 먹고 자고 생활하면서도 말 한마디 나눌 수 없었다. 식사 후에 주어진 산책 시간에만 입을 열 수 있었다.

밥을 먹을 때도 지도 신부가 정해 준 식탁에서 늘 같은 사람들과 식사를 했다. 우리는 말 한마디 없이 묵묵히 앉아서 음식을 먹었다. 봉사하는 아주머니들이 정성껏 마련한 음식을 하루 세 끼씩 이레 동안이나 함께 먹다 보니 비록 말은 나누지는 못했지만 많은 것을 공유한 느낌이었다. 앞 사람이 무엇을 좋아하는지, 옆 사람의 식성은 어떤지를 알 수 있었고, 상대방의 눈빛, 표정, 손짓과 몸짓 하나에서도 그의 느낌과 생각을 읽을 수 있었다. 만약 우리가 밥을 같이 먹지 않았다면 서로에게 이렇듯 각별한 느낌을 가질 수는 없었으리라.

관계가 껄끄러운 사람과 화해를 하려면 밥을 함께 먹으라고 하신, 고인이 된 신부님의 말씀이 새삼 가슴으로 다가온다. 그때는 그 말씀에 수긍할 수 없었다. "밥 한 끼 같이 먹는 것으로 화해가 될까요?"라고 내가 짐짓 반문했던 기억마저 생생하다.

오래 전에 본 「바벳트의 만찬」이라는 영화의 장면이 떠오른다. 덴마크의 가난한 어촌에 사는 늙은 교인들은 오랫동안 질시와 냉담으로 적대감의 골은 깊어만 갔다. 목사관의 가사를 도우러 온 바벳트가 복권 당첨으로 받은 상금을 몽땅 털어 준비한 만찬에서, 좋은 음식과 포도주를 나누어 마시면서 꽁꽁 얼어붙었던 그들의 마음이 시나브로 녹기 시작한다. 차디찬 가슴은 자신도 모르는 사이에 훈훈하고 부드러워져서 만찬이 끝난 다음에는 손에 손을 잡고 동네 우물가를 돌며 성가를 부른다.

한때 파리의 고급 식당에서 요리사로 일했던 바벳트는 이런 말을 한다. "자신이 최선을 다하면 사람들을 행복하게 할 수 있죠." 그는 정성을 기울여 장만한 음식으로 사람들에게 행복을 나누어 준 것이다. 정성들여 만든 음식을 남에게 대접하고 그들이 맛있게 먹고 행복해하는 모습을 지켜보는 것 또한 준비하느라 애쓴 수고 이상으로 자신을 즐겁고 행복하게 만든다.

'함께 먹는다'는 것은 단순히 음식을 같이 먹는 행위뿐이 아니다. 거기에는 많은 나눔이 있다. 음식을 들면서 이야기를 나누고, 생각을 나누고, 이해를 나누고, 기쁨을 나누게 된다. 소원(疏遠)했던 관계는 여유로움과 즐거움, 그리고 평화와 사랑으로 바뀌게 된다. 결국 함께 먹는다는 것은 함께 사는 것이다.

얼마 전에 식사 초대를 받은 자리에서 흔히 먹지 못하던 새로운 음식을 맛보게 되었다. 어떤 재료가 들어갔는지 확인하고 싶은 마음에 실례를 무릅쓰고 요리조리 음식을 뒤적거려보았다. 요리법이 궁금해지면서 내 손으로 한 번 만들어 보고 싶은 충동과 함께 맛있게 만들어서 '사람들을 먹이고 싶다.'는 생각이 퍼뜩 스치고 지나갔다. 사실 나 자신도 놀랄 일이었다. 아직도 내 손으로 정성껏 음식을 만들어 깔끔하게 상을 차려 놓고 사람들과 함께 나누는 즐거움을 잊을 수가 없는 모양이다. 아직은 손님용 그릇을 그대로 지니고 살아가야 할까 보다.

(2010.)

살맛나는 세상

얼마 전에 받아 둔 세금 고지서가 보이지 않았다. 납부 만기가 가까운 것 같은데 있을 만한 곳을 찾아보아도 도무지 보이지 않았다. 하는 수 없이 세무서에 전화를 해보니 고지서를 재발급해서 우송해 주겠다고 했다. '어쩜, 세상이 많이 달라졌구나.' 전 같으면 세무서에 가서 납부해야 하는데 시간과 발품이 절약된 것이 고마웠다.

오후에 외출했다 돌아오니 세무서의 담당자에게서 전화가 왔었다고 했다. 납부 마감일이 모레인데 내가 고지서를 받아서 납부하려면 늦어 연체료를 물어야 하니 자신이 대신 납부해주겠다는 내용이었다.

그 말을 듣는 순간 내 귀를 의심하지 않을 수 없었다. '세상에, 이런 공무원이 어디 있담.' 고맙다는 생각은 나중이고 내 첫 번째 반응은 놀라움이었다. 우리나라의 일이 아니고 어느 딴 나라에서

나 있음직한 일처럼 생각되었다.

나처럼 8·15해방과 6·25 이후의 혼란기를 산 사람들에게는 공무원이라고 하면 떠오르는 인상이 있었다. 불친절하고 목이 뻣뻣한 사람이 공무원이고, 급행료를 주지 않으면 일이 안 되는 곳이 관공서였다. 불가피한 경우가 아니면 멀리하고 싶은 곳이었다.

여러 해 전, 구청에 가서 꼭 알아봐야 할 일이 있었다. 내키지 않는 걸음으로 청사에 들어섰다. 여직원이 웃는 얼굴로 다가와 무슨 일로 오셨느냐고 하며 담당자가 올 때까지 의자에 앉아 기다리라는 것이었다. 너무나 뜻밖의 친절에 오히려 당황했던 기억이 있다.

그 후로 우리 공무원들이 많이 친절해진 것은 알고 있었지만 이런 특별한 배려는 너무도 의외의 것이었다. 나는 바로 그에게 전화를 걸어 고맙다는 인사를 하고 나서도 내가 받은 감동이랄까 충격을 잠시 진정시켜야만 했다. 그러고 나서 나 자신을 그의 자리에 놓아 보았다. 나라면 그 공무원처럼 생판 모르는 납세자에게 대납을 해줄 수 있을까.

'납기가 모레까지구나. 억울하게 연체료를 내야 하겠네.' 하는 생각은 할 수 있으리라. 아마 거기까지가 내 한계일지도 모른다. 만에 하나 '대납해주면 좋을 텐데.' 하는 생각이 떠오른다고 가정해 봐도 나는 그 생각을 행동으로 옮기지는 못할 것 같다. '일면식도 없는 납세자에게 내가 그토록 자상한 배려를 한다고 누가 표창

장이라도 준대?' 또 '대납해 준 돈을 차일피일 하면서 보내주지 않으면 어쩌지.' 하는 생각이 내 머리를 스쳐갈 것이다. 그러고는 '남의 일에 신경 쓸 것 없어.' 이렇게 나 자신을 합리화시키며 관심을 꺼버리고 말 듯하다.

타인을 위한 작은 배려는 우리 일상에서 지키게 되는 예의나 친절 같은 것과 다를 바가 없다. 건물의 현관문을 열고 들어갈 때 뒤에 오는 사람을 위해서 잠시 문을 잡고 있는 다든가, 엘리베이터를 탈 때 나중에 타는 사람을 위해 '열림' 버튼을 누르고 있는 따위의 사소한 배려는 너무나 자연스러운 일이 되었다.

그러나 그 공무원의 경우는 그런 것과는 차원이 다르지 않은가. 그는 만에 하나 자기가 입게 될 손해조차 무릅쓰고 납세자의 입장을 먼저 생각한 것이다. 아무도 그에게 그런 배려를 기대하지도 않을 뿐더러, 그러지 않았다고 해서 그를 나무라는 사람은 더더욱 없을 터이다.

나는 가끔 이런 생각을 한다. 사람에게도 동물의 촉수처럼 '관심의 더듬이'가 있다. 그런데 그 더듬이가 하나뿐인 사람도 있고 여러 개가 있는 사람도 있다. 하나밖에 갖지 못한 사람은 그의 더듬이가 작동할 수 있는 범위는 자기 가족과 친지 정도이다. 그러나 둘, 셋 있는 사람들은 자신과 직접적인 관계가 없는 타인에게까지 관심이 가서 남의 불편함이나 어려움을 그냥 보아 넘기지 못한다. 내 능력은 더듬이 한 개의 한계라고 생각하는데, 그 공무원은 얼마나 많은 더듬이를 갖고 있는 것일까.

타인에 대한 배려는 잠시 남에게 마음을 쓰는 것에서부터 시작된다. 작은 관심을 갖고 잠시 그의 입장에서 생각하는 일, 그러면 먼저 나 자신이 즐겁고 타인은 감동을 받는다. 게다가 전염성이 아주 강해서 내가 베푼 작은 배려는 또 다른 배려를 낳고, 나아가 더 큰 것으로 이어진다. 그것은 윤활유와 같은 것이어서 우리 삶이 삐걱거리지 않고 원활하게 굴러가게 만든다. 배려하는 삶은 우리 모두를 행복하게 하고 세상을 살맛나게 한다.

세금을 대납해 준 공무원을 찾아가 차라도 한 잔 나누고 싶은 마음이지만 아직 그러지 못하고 있다. 차라리 그에게서 받은 특별한 배려를 다른 많은 사람들과 나눈다면 그와 나누는 차 한 잔보다 더욱 향기롭지 않을까 싶다.

(2005.)

고장 난 눈물샘

요즘 들어 나는 때와 장소를 가리지 않고 눈물을 흘린다. 증세가 심해서 병원을 찾았더니 눈물이 나가는 통로가 막혔다고 한다. 간단한 시술로 해결이 되는 줄 알았는데 입원을 하라고 한다. 눈물이 빠져나가도록 가는 관을 심어야 한다나. 공사가 꽤 큰 모양이다.

젊을 때는 울려고 해도 마음대로 나오지 않던 눈물이었다. 부부싸움을 할 때 눈물은 여자에게 좋은 무기가 된다는 것을 잘 알고 있었기에 전세(戰勢)가 불리해지면 눈물로라도 남편이 백기를 들게 만들고 싶기도 했다. 그러나 필요할 때 눈물은 내 편이 되어주질 않았다.

"넌 어릴 때 울보였다."고 어머니는 가끔 말씀하셨다. 내가 좋아하지 않는 간식을 주시면 먹기 싫다고 하면서 닭똥 같은 눈물을 뚝뚝 떨어뜨렸다고 내가 꽤 큰 다음에도 어머니는 놀리듯이 말씀하시곤 했다. 나는 감정이나 의사를 말로 표현하기도 전에 눈물이 앞서는 아이였다. 아파서, 싫어서, 부끄러워서, 섭섭해서, 미안해서, 슬퍼서, 분해서, 억울해서, 노여워서, 너무 좋아서, 말로 표현할 수 없어서. 이런 따위의 수도 없이 많은 이유로 나는 눈물을 흘렸던 것 같다.

초등학교에 다닐 때는 동화를 읽으며 무척이나 많은 눈물을 흘렸다. 지금도 생각나는 것은 오스카 와일드의 동화 「행복한 왕자」를 읽고 또 읽으면서, 다시 읽을 때마다 처음 읽었을 때와 똑같이 눈물을 흘리곤 했었다. 그러던 울보가 언제부터인가 어머니를 닮아가기 시작했다.

"아이들 아버지가 납북되신 후에 그 많은 애들 데리고 살아가야 할 걱정에 난 한 번 울어보지도 못했답니다." 어머니가 당신 친구에게 하시는 말씀을 우연히 듣게 된 나는 내 방으로 뛰어 들어가 소리 없이 울어야 했다. 6·25전쟁 중에 두 돌이 지난 막내까지 자식들 여섯을 데리고 살아가야 할 극한 상황에 내몰린 어머니가 아버지를 그리워하며 눈물지을 여유가 어디 있었겠는가. 그때 어머니에게 눈물은 아마도 사치였을 거라는 생각을 하게 된다.

그 후 다 큰 자식을 백혈병으로 먼저 보내셨을 때에도 어머니는 남들 앞에서는 눈물을 보이지 않으셨다. 과년한 딸을 여의기도 전에, 백혈병이라는 날벼락으로 자식을 졸지에 잃은 어머니의 슬픔과 아픔을 어떤 말로 다할 수 있을까. "부모가 돌아가시면 산에 묻고 자식이 죽으면 가슴에 묻는다."는 말 그대로 어머니는 북받

치는 피눈물을 가슴 깊이 묻으신 것이었다.

나는 어머니가 눈물을 흘리시는 것을 한 번도 본 적이 없는 것 같다. 어린 자식들 앞에서 약한 모습을 보이지 않기 위해 어머니는 얼마나 많은 눈물을 속으로만 삼키셨을까. 숨어서 속으로 흘린 눈물이 얼마나 될까 생각하면 지금도 가슴이 저려온다. 꿋꿋하게 생활을 꾸려가는 어머니 곁에서 나는 조금이라도 힘을 덜어드리려고 무던히도 애를 썼던 것 같다. 그러면서 나는 소비의 절제뿐 아니라 감정의 절제부터 배웠는지도 모른다.

내가 자라던 시절만 해도 희로애락의 감정을 남의 눈에 띄게 드러내는 것은 금기였다. 심지어는 자식에 대한 애정마저도 웃어른 앞에서는 보여서는 안 되는 것이었다. 특히 남자들에게 눈물은 금기였다. '남자는 태어날 때와 부모님이 돌아가셨을 때와 같이 평생 세 번만 울어야 한다.'고 가르쳤다.

눈물은 슬픔과 고통뿐 아니라 분노라든가 억울함 따위를 해소시키는 카타르시스의 효과를 가지고 있다. 한바탕 울고 나면 격앙되었던 감정이 한결 가라앉으면서 머리가 맑아지고 이성적인 시각을 되찾게 된다. 한여름에 느닷없이 쏟아진 소나기가 더위에 지쳐 늘어진 풀들을 칼날처럼 일어서게 해 주듯이 눈물은 사람의 영혼을 말갛게 씻어주기도 하고 새로운 힘이 솟아나게도 한다. 그래서 어떤 시인은 '눈물은 세상에서 가장 아늑한 위안'이라고 했다.

눈물이 차단된 인간들의 가슴속에서 해소되지 않고 분출되지 못한 온갖 감정들, 씻겨 나가지 못한 앙금이 켜켜이 쌓이기만 한다면 어떻게 될까. 결국 가슴에 커다란 응어리가 되고 시각은 왜곡되어 냉철한 판단을 잃게 된다. 외국어로는 번역이 어렵고 외국인들은 이해할 수도 없다는 우리의 '한(恨)'이라는 정서는 절제를 미덕으로 여기고 살아온 한국인들의 전유물이리라.

소비가 미덕인 시대가 되면서 내핍이라든가 절약 같은 것은 구시대의 낡은 가치관이 되고 말았다. 오늘날에는 당장 필요하지 않은 물건은 버려야 하듯이 감정의 절제까지도 버려야 할 것이 되었나보다. 예전에는 감정과 눈물을 잘도 다스렸는데 요즈음엔 그게 잘 되지 않으니 말이다.

손자가 "할머니!" 하며 달려와 내 품에 안길 때, TV에서 흘러나오는 애국가를 듣다가, 아침에 일어나 창문을 열고 유난히 파란 하늘과 마주치게 될 때, 여고 동창회에서 교가를 부르다가, 전철에서 옆에 앉은 학생이 과자를 먹다가 내게 "하나 드실래요?" 했을 때, 미처 봄이 느껴지지도 않는 추위 속에서 보도블록의 틈새를 뚫고 머리를 내민 잡초가 눈에 띌 때 그리고 아무 때나, 아무데서나 느닷없이 콧날이 시큰해지며 눈물이 핑 돈다.

고희를 바라보는 나이가 되니, 이제는 그다지 슬플 것도, 아플 것도, 미울 것도, 분할 것도, 억울할 것도 없다. 그런데도 나는 시도 때도 없이 눈물을 흘린다. 의사의 말대로 눈물샘이 고장 난 탓이라고 할 수밖에.

(2006.)

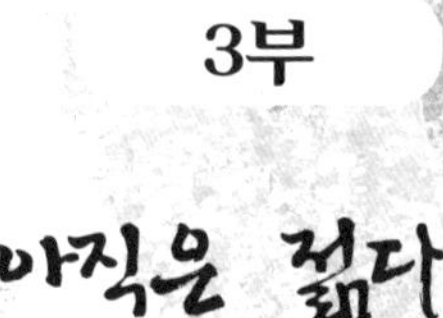

항라 고쟁이 | 산사에서 만난 예수
예순네 살이 되어도 | 뚝섬에서 여름을
빌 데가 있어서 좋아 | 아직은 젊다 | 아름다운 침묵
레드 콤플렉스 | 만년 젊은이 | 쪽진 성모상

항라 고쟁이

오래된 한복이 있으면 기증하라는 복식 연구가의 부탁을 받고 수십 년 동안 장롱 바닥에서 잠을 자고 있는 한복들을 꺼내놓았다. 내 것 몇 벌과 박물관에 기증한다고 친정에서 갖다 두었던 것들이다. 어머니의 고쟁이와 80이 다된 언니가 유치원에 다닐 때 입었던 연두색 모본단 두루마기를 꺼내놓고 보니, 20세기 초의 옷부터 6, 70년대 것까지 있어 세월의 흐름이 한눈에 보이는 것 같다.

어머니의 고쟁이는 당신이 혼수로 가져오신 것이다. 고쟁이는 여인들이 속속곳(오늘날의 팬티에 해당되는 속옷) 위에 입는 폭이 넓은 속바지인데, 그 위에 단속곳(지금의 속치마에 해당됨)을 입고 나서 치마를 입었다. 여름용은 일반적으로 모시나 베로 만들지만 혼수를 위하여 특별히 얇은 비단인 항라로 지은 것이다. 그런데 우리 나이로 열네 살짜리 어린 신부가 둘은 들어갈 만한 크기여서 영문을 알 수 없었다. 나중에 자랄 것을 감안해 크게 만든 것이라고 하니 웃지 않을 수 없는 일이다. 사실 어머니는 그것이 맞을 정도로 크게 자라지도 않으셨거니와 양장을 한동안 하신 탓인지 고쟁이는 아직 한 번도 입지 않은 진솔이다.

어머니는 3·1운동이 일어나던 해, 열네 살 동갑내기인 아버지와 혼인을 하셨다. 개성 토박이이신 부모님들은 그곳 풍습대로 조혼을 하셨는데, 개성은 고려의 도읍지였기 때문에 개화기까지도 조혼 풍습이 남아 있었다.

외가는 비교적 개화(開化)가 빨랐기 때문에 어머니는 초등학교를 마치고 혼례를 치르셨다. 하지만 아버지는 서당에 다니다가 초등학교에 입학하셨기 때문에 초등학생이 장가를 가신 것이다. 혼례를 치렀다고 해서 어린 신랑과 신부가 한 집에 사는 것은 아니었다. 신부는 성인이 될 때까지 본가에 살면서 가끔 시댁에 가서 식구들과 친분을 쌓고 시댁의 법도를 배우는 기간을 가졌다. 신부가 열일곱, 여덟 살이 되면 시댁으로 들어갔다. 비로소 시집간 색시의 시집살이가 시작되는 것이었다.

어머니가 시댁에 다니면서 보니 어린 신랑은 대단한 장난꾼이었다고 한다. 지붕에 올라가 연을 날리지를 않나, 매어 놓은 남의 집 황소의 배 밑으로 장난삼아 들락거리지를 않나. "장가간 놈이 철딱서니 없다."고 할머니께 꾸지람을 많이 들었다고 했다. 하지만 혼례를 치렀다고 해서 열서너 살짜리 개구쟁이가 갑자기 어른이 될 수야 없지 않겠는가.

아버지에게는 두 살 맏이인 형님이 계셨는데 조부모님은 장남은 차남보다 더 이른 조혼을 시키셨다. 아홉 살에 장가를 가신 내 큰아버지는 어린 나이지만 신부가 마음에 드신 모양이었다. 그러나 불행히도 새색시는 두 해 만에 병사했고, 조부모님은 무엇이 다급하셨던지 다시 서둘러 정혼을 하셨다. 두 번째 큰어머니는 아버지 형제가 다니던 서당 훈장님의 따님이었다. 멋없이 키만 크다고 흉을 보았던 바로 그 처녀가 큰아버지의 색시가 된 것이다. 큰아버지는 마음에 없는 아내와 끝내 남남으로 지내시다가 후에 다시 새 아내를 맞았다. 세 번째 큰어머니는 1남 2녀를 두고 큰아버지의 사랑을 독차지했지만 호적에 자신의 이름이 오르지 못한 것을 한탄하며 고통 속에 사셨다.

어머니는 운동을 좋아하는 신랑을 위해 운동복을 만들어 대기에 바쁘셨다. 그리고 신랑과 시아주버님의 도시락을 쌌다. 아버지와 달리 내성적인 큰아버지는 늘 책을 끼고 다니는 공부벌레였다고 한다. 아버지는 아내를 챙겨줄 만큼 철이 들지도 않았고 운동과 놀기에 바쁘셨지만, 큰아버지는 제수씨에게 그 당시에 나오기 시작한 여성잡지를 사다 주셨다. 어머니는 그것들을 통해 '여성 계몽운동'이니 '자유연애'니 하는 새로운 세계에 눈뜨기 시작했던 것이다.

스무 살에 어머니는 첫 딸을 낳으셨다. 중학교를 졸업한 아버지는 둘째 아기를 가진 어머니를 두고 일본으로 유학을 떠나셨다. 방학이면 집에 오셨다가 개학 때가 되면 동경으로 돌아가곤 하셨는데, 네 번째 개학이 될 때 아버지는 감히 할아버지께 말씀드렸다고 한다. "어멈을 데리고 가겠습니다." 그 다음 이야기야 무슨 설명이 필요할까만, 자식 이기는 부모 없으니 결국 아버지는 허락을 받아내시고 말았다. 어머니는 첫딸은 친정에 맡기고 젖먹이 둘째만 데리고 아버지를 따라가셨다. 그때는 아주 드문 동경에 거주하는 유학생의 아내가 되신 것이다.

당시 대학생들은 거의가 기혼자였다. 아들을 장가보낼 형편이 못 되는 집안이 아니고는 보통 18, 9세가 되면 중매로 결혼을 시켰다. 색시와 맞선은커녕 얼굴조차 모르고 하는 결혼이었다. 남자들은 결혼한 다음에 대학에 다녀 지적 수준은 계속 높아졌다. 하지만 집안에 틀어박혀 시집살이로 세월을 보내는 여자들은 남편과 바깥세상이 어떻게 변하고 있는지 알지 못했다. 그런데 그 시대에도 여고라든가 여자전문학교에 다니는 여자들이 있었으니, 그들을 '신여성'이라고 불렀다.

대학 교육을 받은 남자들이 애정이 아니라 법으로 묶인 아내와 정상적인 부부 관계를 지속하기 어려운 것은 어쩌면 당연한 일이었다. 많은 아내들이 남편을 신여성에게 뺏기게 되었지만 법적인 이혼은 완강히 거부했다. '출가외인'이라는 유교적 윤리의식이 뿌리 깊게 박혀 있는 여인들에게 이혼은 곧 시가와 친가로부터의

퇴출을 의미했다. 오갈 데가 없어지는 것이었다.

한편, 남자를 차지하기는 했지만 법적으로는 첩이 된 신여성들의 고통과 갈등은 또 어떠했을까. 아내 있는 남자를 사랑한 윤심덕이 남자와 함께 현해탄에 몸을 던지는 비극이 일어나지 않을 수 없었던 것이 그 시대의 암울한 현실이었다.

어머니의 소꿉친구들은 거의가 남편을 신여성에게 빼앗겼지만 어머니는 아버지를 잘 지켜내셨다. 그러나 6·25라는 동족상잔의 소용돌이가 끝내 아버지를 앗아가 버렸다. 어머니는 힘겹게 지켜낸 남편을 어이없게도 하루아침에 잃고 만 것이었다.

고쟁이가 장롱 바닥에서 잠자던 80여 년이라는 세월 동안에 세상은 참 많이도 변했다. '자유연애'가 결혼의 전제 조건이 된 것은 이미 오래된 일이고, 이제는 '자유이혼(?)'의 시대가 되어가고 있다. 그뿐인가 우리 어머니들의 신앙과도 같았던 남아선호사상도 뿌리째 흔들리고 있다. 이제는 딸 둘을 두면 '금메달', 아들 둘이면 '목(木)메달(목 매달)'이란 우스갯소리까지 나돌고 있는 세상이 되었다.

이제 고쟁이가 무엇인지 아는 사람이 몇이나 될까. 긴 허리끈을 차곡차곡 접어 흩어지지 않도록 자줏빛 실로 꿰맨 '上' 자(字)가 색은 퇴색했지만 아직도 진솔임을 알려주려는 듯 그대로 있다.

(2006.)

산사에서 만난 예수

좀처럼 오지 않을 것 같더니 그래도 계절은 어김없이 제자리에 와 있다. 마냥 기다리던 가을을 그냥 지나가게 할 수는 없기에 누가 등이라도 떠민 듯이 사람들은 들로 산으로 나간다.

산에 가면 어디서나 반드시 만나게 되는 게 있다. 멀리 있는 큰 산에 오르면 그 이름에 어울리는 명찰(名刹)을, 가까운 산에서는 이름 없는 암자를 만나게 된다. 산사의 문은 언제나 열려 있다. 누구나 발이 닿는 대로 마음 내키는 대로 들어갔다 나올 수 있다. 아무도 어디서 왔느냐고 또는 무엇하러 왔느냐고 묻지 않는다. 차디찬 석간수로 타는 목을 축일 수도 있고 잠시 다리를 쉬어갈 수도 있다. 그뿐인가, 허기지고 지친 나그네는 끼니와 잠자리를 신세질 수도 있다.

내가 설악산 봉정암에서 하룻밤을 신세진 것이 벌써 10여 년 전 가을이었다. 개천절 연휴를 이용해 우리나라 5대 적멸보궁의 하나인 봉정암에 가자는 불자(佛者) 친구의 말에 나는 흔쾌히 동의했다. 비록 내가 불자는 아니지만 그런 기회에 꼭 한 번 가보고 싶었다.

설악의 단풍은 절정이었다. 마치 어린아이가 오색 물감을 마구 칠해 놓은 것 같았는데, 상록수와 절묘한 조화를 이루고 있었다. 다른 때 같으면 조물주의 빼어난 색감에 감탄사를 연발했겠지만 너무 지쳐 그럴 기력조차 없었다. 2박 3일의 산행을 위해 준비한 배낭을 메고 오색약수에서부터 대청봉에 오르는 일은 내게는 고행과 같았다.

해발 1,780m라고 새겨진 대청봉의 표지석(標識石)을 보자 거기까지 무사히 올라온 내 자신이 대견스럽기만 했다. 표지석을 뒤로 하고 봉우리를 돌아 내려서는데 눈부신 그림 한 폭이 우리 앞을 가로막았다. 맞은편에 우뚝 선 검은 기암괴석의 봉우리 위로 저무는 해가 장대한 색채의 향연을 펼쳐 놓고 있었다.

가을 저녁은 빠르게 어두워졌다. 어둠 속에서 발걸음을 재촉했지만 봉정암에 도착했을 때는 이미 밤 10시가 지난 시각이었다. 염불과 목탁 소리만이 아련하게 떠도는 적요 속에 묻혀 있으리라고 생각했던 절 경내는 마치 거대한 잔칫집처럼 북적거렸다.

이 많은 사람들이 왜 이곳에 온 것일까. 이들이 모두 기도를 하기 위해 온 불자들은 아닐 터이고, 나처럼 설악산의 단풍을 찾아 나선 길에 날이 저물어 하룻밤을 신세지려고 찾아든 등산객들이 분명했다.

형광등 불빛으로 대낮같이 밝은 취사장 앞에는 수많은 사람들이 길게 줄을 지어 서 있었다. 친구와 나도 그 긴 줄의 끝에 가서 섰다. 그 많은 사람들은 누구나 똑같이 뜨거운 미역국 한 대접에 흰 쌀밥 한 주걱을 받아가지고 물러섰는데 자정이 가까워 가는 시간인데도 계속해서 사람들이 꼬리를 이었다.

아침 일찍부터 서둘러 나선 긴 산행으로 지친 등산객들에게 뜨끈한 미역국밥은 꿀맛이었다. 도대체 얼마나 되는 사람들에게 밥과 국을 나누어 주는 것인지 알 수가 없었다. 그 많은 밥을 지은 쌀은 도대체 얼마나 될까? 어떻게 이 깊은 산 속까지 그 많은 쌀을 운반해 왔을까. 숟가락질을 하면서도 나는 줄곧 그런 단순한 의문에 골몰하고 있었다.

밥을 먹고 나자 친구가 배낭에서 양초 한 묶음을 꺼내 놓았다. 절에 시주하려고 가져온 것이라고 했다. 이곳에 오는 불자들이 모두 이렇게 조금씩 지고 온 쌀과 미역으로 이 많은 사람들을 먹이는 것일까. 내 배낭 하나도 무거워 벗어 던지고 싶었는데, 불자들이 어깨가 빠지게 지고 온 쌀로 지은 밥을 내가 먹었다고 생각하니 한없이 송구스러웠다.

하루 종일 혹사시킨 발을 쭉 뻗고 누울 수 있겠다는 기대감으로 법당 문을 여는 순간 나는 하마터면 소리를 지를 뻔했다. 학교 강당만큼이나 큰 법당에 사람들이 가득 차 있는 것이 아닌가. 그런데 시루 속의 콩나물처럼 빽빽하게 끼어 앉아 있는 사람들은 모두 졸고 있었다.

날이 밝자 우리는 또 취사장의 대열에 섰다. 귓전에 들으니 전날 밤 그곳에서 머문 사람들이 자그마치 2천 명이 넘을 거라고 했다. 그런데 이번에는 국밥뿐 아니라 점심이라면서 주먹밥 두 덩이를 얹어주는 것이었다.

봉정암을 뒤로 하고 오세암으로 가는 길은 험한 내리막이었다. 조심스레 발을 옮겨 놓다가 문득 지난밤에 사람을 찾던 방송이 떠올랐다. 밤이 깊어 가는데도 확성기를 통해 사람을 찾는 소리가 계속되고 있었다. "○○신부님을 찾습니다. 대웅전 앞으로 와주세요." "○○교회에서 오신 ○○씨를 찾습니다." 하룻밤 잠자리와 끼니를 신세져야 할 사람들에게는 그곳이 타종교의 성전이라는 사실이 아무 문제가 되지 않는 모양이었다.

불자이든 아니든 가리지 않고 누구든 받아들이는 너그러움, 그것이 대자대비한 부처님의 넓은 품이고 사랑이 아닌가 싶었다. 그 품에서 하룻밤을 신세진 사람들이 이 산에서 내려간 다음에도 서로 울타리를 치고 편을 가르며 '우리'만이 옳고 '너희들'은 그르다고 하지 않는다면 얼마나 좋을까.

어느 해인가 초겨울에 박물관 답사 여행을 갔을 때였다. 지금 그 사찰의 이름은 기억에 없지만, 절 마당에 들어서자 내 눈 앞을 가로막는 것이 있었다. "아기 예수의 탄생을 축하합니다." 라고

쓰인 커다란 현수막이 펄럭이고 있었다.

절에서 성탄절을 축하하다니, 참으로 신선한 충격이었다. 내 종교가 아닌 남의 종교를 인정하고 존중하는 열린 마음과 모든 인간에 대한 사랑이 종교가 지녀야 할 참된 자세가 아닌가. 이 지구상에서는 지금 이 시각에도 종교가 다르다고, 종파가 다르다고, 또는 이념이 다르다고 서로 싸우고 죽이는 전쟁이 계속되고 있다. 내 것과 다른 남의 생각과 문화를 존중하고 이해하려는 노력이 있다면, 그리고 우리 모두가 사랑으로 마음을 열고 살아간다면 지금보다는 조금 더 살기 좋은 세상이 되지 않을까.

(2003.)

예순네 살이 되어도

맑은 하늘에서 난데없이 빗방울이 떨어지기 시작하더니 어느새 굵은 빗줄기로 변했다. 어떻게 비를 피할까 두리번거리는데 마침 지하상가로 통하는 계단이 눈에 띄었다. 이제는 새로 사야 할 물건도 별로 없어 쇼핑과는 담을 쌓고 살다시피 하고 있는데, 이런 기회에 눈요기라도 해야겠다는 생각이 들어 한가로운 마음으로 걸음을 옮겼다. 어디선가 귀에 익은 샹송이 들려왔다. 끌리듯 음반 가게로 들어갔다.

얼마 만에 들어온 음반 가게인가. 음반을 사려는 것은 아니었지만 이것저것 꺼내 보다가 문득 노랫말을 알려고 한동안 애쓰던 노래가 생각났다. 비틀즈의 일원이었던 폴 매카트니의 노래인데, 처음 들어보는 것이었다. 드라마에서 한 부분을 들었기 때문에 가락이 경쾌하다는 것밖에는 생각나지 않았다. 하지만 '내가 예순네 살이 되어도~'라는 조금 예사롭지 않은 그 한 마디가 나를 붙

잡고 놓아주지 않았다. 공교롭게도 그 노래를 들었을 때, 내가 마침 그 나이였다. 그것이 내 호기심의 뇌관을 건드리지 않을 수 있었겠는가.

드라마의 줄거리는 대강 이렇다. 다음날이면 혼례를 치르게 되어 있는 젊은이가 약혼녀를 만나러 가다가 어이없게도 교통사고를 당해 의식불명 상태가 된다. 의식이 없는 사람이라도 청력은 마지막까지 살아 있다는 말을 들은 적이 있는 약혼녀는 그것에 매달린다. 약혼자가 유난히 좋아해서 두 사람이 즐겨 들었던 그 노래를 그가 듣고 깨어나는 기적을 바라며 그녀는 하루 종일 들려준다.

드라마를 본 후 노랫말의 내용이 못내 궁금했다. 비틀즈의 노래이니 쉽게 알 수 있으리라고 생각했지만 그게 아니었다. 내가 이십 대였던 60년대에 세계를 뒤흔들었던 비틀즈의 음악인지라 육십 대가 된 이 시대에 그것은 이미 흘러간 노래가 되어 버린 모양이었다. 한동안 알고자 하다가 음반점으로 나갈 열의까지는 내지 못하고 시나브로 잊어버린 채 몇 년이 지난 것이다.

음반 가게 주인은 그 노래를 알고 있으리라고 기대했지만 그도 모른다고 했다. 찾아볼 터이니 나중에 한번 들르라는 말을 뒤로 하고 나는 그곳을 나왔다. 얼마 후에 다시 갔더니 주인이 반가워하며 그것을 찾아 놓았다고 했다. 음반을 받아 들고 나니 어려운 수학 문제를 몇 년 만에 드디어 풀어낸 것 같은 성취감이랄까,

그런 기분으로 사뭇 가슴이 뿌듯했다.

1967년에 발표된 이 곡은 폴 매카트니가 직접 노랫말까지 붙인 팝의 고전으로 알려져 있다. 사랑하는 사람과 노년을 함께 하고 싶은 소박한 꿈을 읊은 이 노래는 알고 보니 곡명이 「내가 예순네 살이 되어도」였다.

왜 하필이면 예순네 살일까? 폴이 열다섯 살 때 써 놓았던 노랫말이라는데, 먼 훗날 머리가 벗겨진 자신의 모습이 쉽게 상상이 되었을까. 아마도 그의 할아버지가 그때 64세가 아니었나 싶다. 15세 소년이 생각할 수 있는 가장 많은 나이라면 자기 할아버지 나이가 아니겠는가. 할아버지보다 더 늙은 자신은 도저히 머리에 그려지지 않았으리라.

그는 아내와 함께 평범한 여생을 보내는 예순네 살이 된 자신의 모습을 노래하고 있다. 보통 남편들이 아내에게 바라는 것들, 뭐 대단한 것도 아닌, 부부라면 일상적으로 하는 일들을 늙어서도 함께 하기를 꿈꾼다. 자신이 늙어 대머리가 되어도 "내가 필요할 거요?" "밥을 해줄 거요?" "밸런타인 카드를 줄 거요?" 따위를 묻고 있다. 젊은 날의 사랑이 오랜 세월 변치 않기를 바라며 그것을 확인하고 싶은 마음이 엿보인다. 열다섯 살 사춘기 소년이 사랑이란 그토록 평범한 삶 속에서 꽃핀다는 것을 그때 이미 알고 있었다니 참으로 놀랍다.

폴과 그의 아내는 29년 동안 잉꼬부부로 살았다. 하지만 암이라는 병마가 그들의 사랑을 시샘했을까, 그는 아내를 먼저 보내야 했다. 그 후 딸 같은 젊은 여인과의 결혼, 잇따른 이혼과 천문학적인 위자료 문제로 세상을 떠들썩하게 했다.

그의 예순네 번째 생일에는 자녀들과 손자들이 모여 바비큐 파티를 했는데 「내가 예순네 살이 되어도」를 함께 불렀다고 한다. 음정도 틀리고 화음도 맞지 않는 합창이었지만 그의 얼굴에는 오랜만에 웃음꽃이 피었다고.

연인들의 '영원히 변치 말자'는 사랑의 맹세가 그대로 이루어질 확률은 얼마나 될까. 이 세상에 변하지 않는 사랑이 과연 있기는 한가. 시간은 모든 것을 변하게 한다. 하지만 그 야속한 세월은 젊은 날의 풋사랑을 이해와 신뢰라는 은근한 정과 끈끈한 유대로 바꿔 놓는 신비한 힘을 지니고 있다. 혀끝에서 감도는 단 맛 대신에 숙성된 깊은 맛과 그윽한 향을 내게 만드는 것은 함께 살아온 세월이다. 더불어 늙어가며 곰삭은 사랑을 가꾸기를 바라는 소박한 꿈, 아마 그 꿈을 품는 그 자체가 진정한 사랑이고 행복이 아닐까.

오랜만에 「내가 예순네 살이 되어도」를 듣고 있다. "내가 퓨즈를 갈면 당신은 스웨터를 짜고, 정원을 가꾸고, 잡초도 뽑고, 또 드라이브도 나가고, 더 이상 뭘 바라겠소."

(2005.)

뚝섬에서 여름을

서울에서 나고 자란 나는 여름에 냇물에서 물장난을 하거나 헤엄을 치고 논 적이 없었다. 중학교에 입학했을 때는 6월에 학기가 시작되었는데 체육 시간에 난생 처음 수영을 하게 되었다. 수영이 어찌나 재미있는지 체육 시간이 기다려졌다. 6·25전쟁으로 학교가 곧 문을 닫게 되자 나는 무엇보다 수영 못하게 된 것이 아쉬웠다.

휴전이 된 후에는 여름 방학이 되면 뚝섬으로 헤엄을 치러 다녔다. 그때 한강은 바닥이 보일 정도로 물이 맑고 노랫말 그대로 '은모래밭'이었던 모래사장은 아득하게 끝이 없이 넓었다.

뚝섬은 조선시대에는 뚝도 또는 '살꽂이벌', 그밖에도 여러 이름으로 불렸다고 한다. 이곳은 한강에 홍수가 나면 물에 잠기곤 했는데 그중에서도 높은 지역은 섬처럼 남아 있었기에 '뚝도'라고 했다. 또 사냥이나 군사 훈련을 위해서 활을 쏘는 일이 많아 '살꽂이벌'이라고도 불렸다.

6·25전쟁 직후에 뚝섬은 서울 사람들이 많이 찾는 유원지였다. 뚝섬으로 가려면 먼저 전차를 타고 동대문까지 가서 다시 '기동차'로 갈아타야 했다. 기동차는 기차와 전차를 합쳐 놓은 것 같은 전동차인데, 철로 위를 달리기는 하지만 전차와는 달리 공중에 달린 전선을 따라가는 것은 아니었다. 동대문에서 기동차를 타고 30분쯤 지나면 뚝섬에 도착했다. 도중에 왕십리를 거쳐야 했는데, 인분(人糞) 저장소가 있던 그곳을 지나려면 악취와 왕파리들과 한판 싸움을 벌여야만 했다.

기동차 속은 언제나 콩나물시루 같았다. 키가 작은 나는 키가 큰 어른들 틈에 끼어 숨이 막힐 지경이었다. 게다가 가슴에 꼭 껴안은 도시락과 수영복 보따리 때문에 숨쉬기는 더 어려웠다. 기동차에서 내릴 때는 어른들에게 떠밀려서 그만 들고 있던 보따리를 놓쳐서 발을 동동 구른 적도 있었다.

더위와 땀 냄새로 찜통 같은 찻간에서 떠밀려 내린 다음에는 우선 막혔던 숨을 토해내고 시원한 강바람을 가슴 가득 들이마셨다. 강둑에 이르면 내 앞에 별세계(別世界)가 펼쳐졌다.

강둑에는 우듬지가 보이지 않을 정도로 키가 큰 미루나무들이 줄을 지어 서 있어 짙은 그늘을 만들어 주었다. 강이 저만치 바라다 보이는 나무 그늘은 데이트하는 젊은 남녀들의 뜨거운 가슴과 한여름의 더위를 식히기에는 더없이 좋은 장소였다. 한낮의 나른함을 쫓아주기라도 하려는 듯 '맴 맴 매애앰' 요란스레 울어 대던 매미 소리가 지금도 귀에 쟁쟁하다. 마치 매미와 경쟁이라도 하듯 목청껏 외쳐대던 "아~스케~키" 소리. 여남은 살 된 남자애들이 얼음이 든 무거운 나무 상자를 어깨에 메고 다니며 빙과를 팔았다. 그걸 하나 사 먹는 것이 내게는 큰 호사였다.

전쟁 직후였지만 그때에도 상업 정신은 지금과 다르지 않았던지 수영복과 튜브를 대여하는 가게들과 유료 탈의장이 즐비했다. 강 가운데에는 놀잇배들이 떠다녔는데 얇은 천으로 사방을 둘러쳐 그 속을 들여다 볼 수는 없었지만 어쩌다 '니나노' 소리가 바람결에 들려오기도 했다.

깊은 곳으로는 감히 들어가지도 못하고 물이 가슴팍쯤 오는 얕은 곳에서 개헤엄을 치거나 친구들과 물싸움을 하는 것이 고작이었다. 그러다 지치면 물에서 나와 모래성을 만들거나 모래찜질을 했다. 시간이 얼마나 지났는지도 모르고 놀다가 새빨간 불덩이가 강물을 붉게 물들일 때쯤이면 아쉬운 발걸음을 집으로 향했다. 그렇게 여름내 뚝섬엘 다녔다. 그러다 여름 방학이 끝나는 날부터 다시 다음 여름을 기다리곤 했다.

한번은 친구도 없이 혼자서 뚝섬에 간 적이 있었다. 그날은 웬일인지 모래사장에 사람이라고는 없었다. 탈의장에서 수영복으로 갈아입고 맨발로 강으로 걸어가는데 모래밭이 전과 달리 유난히 길었다. 가도 가도 물은 멀기만 하고 모래는 어찌나 뜨거운지 마치 불씨를 밟는 것 같았다. 더 이상 걸을 수가 없어서 팔짝팔짝

뛰다가 그만 주저앉고 말았다. 그 후에 어떻게 됐는지 기억에는 없지만, 여름 한낮의 태양열이 모래알들을 그토록 달아오르게 한다는 것을 몸으로 배웠다. 아마 장마철도 일찍이 지나고 꽤 오래 비가 오지 않아서 강물이 줄어든 때가 아니었나 싶다.

그때 왜 혼자서 그곳에 갔을까? 반백년도 넘는 세월이 지나가 버린 지금, 아득하게 오래 된 그 일이 내게 커다란 의문으로 다가온다. 이제 와서 생각해 보니, 아마 그곳은 나의 해방구가 아니었나 싶다. 아버지가 납북되시고 하루아침에 가장을 잃은 가정에서 나는 오로지 착한 딸로, 착한 언니로, 또 모범생으로 살아야만 했다. 나는 내핍과 소비의 절제부터 배웠다. 필요한 것조차 될 수 있는 한 절제하고, 하고 싶은 것을 억제하지 않을 수 없었다. 꿈 많은 소녀의 가슴속에서 움트는 수많은 욕망의 싹을 이성으로 짓눌러야 했다. 그러나 강물 속에서 마음껏 네 활개를 치는 동안만은 나는 모범생 노릇도 착한 딸 노릇도 하지 않아도 되었나보다. 아마 나 자신을 놓아주는 몸짓이 내게 필요했는지 모른다.

이제는 차를 타고 지나다니며 한강을 바라보기만 한다. 시민공원이 되어버린 뚝섬은 옛 모습은 어디에서도 찾아볼 수 없다. 하지만 나는 이따금 눈을 감고 그 끝없이 길기만 하던 백사장을 찾아 나선다.

(2008.)

빌 데가 있어서 좋아

고적 답사 여행을 다니면 대부분 사찰을 찾아가게 된다. 그때마다 부처님 앞에 정성껏 손을 모아 절하는 사람들을 만난다. 무릎을 꿇고 엎드리는 여인들을 바라보면서 저들은 무엇 때문에 저토록 간절하게 절을 올리는 것일까 궁금할 때가 있다.

여행을 마치고 돌아오는 늦은 귀경길에서 고속도로 톨게이트에 들어서면 제일 먼저 만나게 되는 것이 있다. 캄캄한 어둠 속에 빨갛게 빛나고 있는 십자가들. 가까이 있는 커다란 것부터 멀리 점점이 빛나고 있는 십자가. 여행의 피로로 가라앉은 내 마음에 알 수 없는 파문을 일으킨다.

왜 사람들은 밤잠을 설쳐 가며 새벽 기도에 가기도 하고 절에 가서 무릎이 닳도록 3000배를 하는 것일까. 인간이 달나라에 갔다 온 것이 이미 40여 년 전의 일이고, 우주에 정거장까지 만들어 놓고 있는 첨단 과학의 시대인 오늘날에도 일요일이면 교회와 절

부근의 도로는 주차장이 되다시피 하고 있다.

형부가 돌아가시고 나서 언니는 성당에 가서 교리 공부를 시작했다. 종교를 갖고 있지 않던 언니가 종교를 갖고자 하는 마음을 나는 이해할 수 있을 것 같았다. 1년 후에 천주교 세례를 받은 언니에게 신자가 되니까 무엇이 좋으냐고 물었다. "빌 데가 생겨서 좋아." 언니의 입에서 나온 대답이었다.

아들아이가 대학에 다닐 때 전공과목이 적성에 맞지 않아서 갈등과 좌절감으로 방황의 나날을 보낸 적이 있었다. 아이의 고통과 방황을 지켜볼 수밖에 없는 어미는 애간장이 녹아내리는 것 같았다. 내가 의지할 수 있는 것은 묵주 기도뿐이었다. 하루 종일 묵주알을 굴리며 성모님께 매달렸다. 성모송을 바치며 하루속히 아이가 방황의 터널에서 벗어나기를 빌고 또 빌었다. 묵주 알을 돌리고 있는 동안에는 가슴속에서 출렁이던 격랑이 시나브로 잔잔해지곤 했다. 내 어려움을 호소하고 간절한 염원을 빌 수 있는 대상이 없었더라면 내가 어떻게 그 악몽 같은 세월을 견뎌낼 수 있었을까.

'관세음보살'을 입에 달고 살다시피 하시던 어머니의 음성이 귓전에 맴돈다. 인민군이 서울을 점령하고 얼마 안 되어 아버지가 납북되시고, 좌익 운동을 하던 큰언니는 북으로 퇴각하는 인민군을 따라 월북했다. 그것으로 우리 집안의 불운은 끝나지 않았다. 중공군의 참전으로 국군이 다시 남하하게 되자 고등학생이던 오빠마저 제2국민병으로 소집되어 나갔다.

1·4후퇴로 시민들이 거의 다 남쪽으로 피란을 나간 서울은 텅 비다시피 했다. 어머니는 대로변의 우리 집을 버리고 나와 청계천 변의 작은 골목 안에 있는 친지의 집으로 들어갔다. 나이 어린 아이들 넷을 데리고 서울이 수복될 때까지 거기서 숨어 살았다. 유령의 도시가 되어 버린 공산 치하의 서울에서 우리는 피란살이를 한 것이었다.

그런 극한 상황 속에서 어머니는 밤새도록 '천수경'을 외우셨다. 어쩌다 잠이 깨면 어머니는 어김없이 어둠속에서 천수경을 외우고 계셨다. 집을 나가 있는 식구들이 무사히 돌아오기를 빌며 경을 외우지 않으셨다면 어머니는 그 무서운 동지섣달 기나긴 밤을 어떻게 지내실 수 있었을까.

생명의 유한성 앞에서, 운명의 횡포 속에서 속수무책인 인간. 한 치 앞도 내다볼 수 없는 불확실성 속에서 살고 있는 것이 우리 인간이다. 어느 날 느닷없이 먹구름이 다가와 우리를 덮칠지도 모른다는 두려움에 가슴 졸이며 살얼음판을 걷듯이 하루하루를 살아간다. "학교에 다녀오겠습니다." 하며 가방을 메고 나간 아이가 다시는 집에 돌아오지 못하는 일이 일어나기도 하고, "다녀오리다." 하고 자동차를 몰고 나간 가장이 불구의 몸이 되어 돌아오기도 하는 것이 우리네 삶이다.

어쩌면 우리는 그 두려움을 떨쳐버리고 불안에서 벗어나기 위해서 기도하지 않고는 살아갈 수 없는지도 모른다. 그래서 내일도 오늘처럼 내가 살아 있기를, 내 남편, 아내, 자식들에게 아무 변고가 없기를 빌고 또 비는 게 아닐까. 무엇인가 빌 대상이 있다는 그 사실 자체만으로도 위안이 되고 구원이 될 수 있으리라.

우리 어머니들은 정성껏 길어온 정화수 한 그릇을 장독대에 올려놓고 새벽별을 바라보며 두 손을 모아 빌었다. 식구들 모두 무탈하고, 가장의 하는 일이 잘 되고, 또 자식들 잘되게 해 달라고 손금이 닳도록 빌고 또 빌었다. 그분들은 절집이나 예배당을 찾아가지도 못하셨다. 아마도 어떤 전지전능한 초월자라든가 신의 존재를 믿고 빈 것이 아닐 수도 있다. 간절한 염원과 '지성이면 감천'이라는 굳센 믿음이 그들의 신앙이었지 않았을까. 바로 그 믿음이 우리 가정을 이끌어가는 힘이고 지켜주는 버팀목이 되었으리라.

아침에 일어나 창문을 열자 소나무 가지 위로 펼쳐진 파란 하늘이 눈에 들어온다. 순간 가슴 벅찬 환희로 온몸이 짜릿해 온다. 나는 두 손을 가슴에 모으고 '감사합니다'를 뇐다. 이 순간 내가 저 하늘을 바라보고 있다는 사실이 현실이라기보다 하나의 경이로 느껴진다. 저 푸른 하늘도, 힘차게 뻗은 소나무 가지도, 내가 이렇게 살아 있음도 모두가 가슴 벅차게 소중하다. 어찌 감사의 기도를 하지 않을 수 있으랴.

(2004.)

아직은 젊다

수은주가 영하 11도를 가리키고 있던 날 아침, 친구에게서 전화가 왔다. 용인에 있는 '이영 미술관'으로 찾아오라는 것이었다. '아니, 이 추위에? 칠순을 바라보는 할머니들이 극성도 너무하군.' 미술을 전공한 사람들도 아닌데 하필이면 알지도 못하는 미술관으로 찾아오라니. 어이가 없었다. 하지만 친구의 꼬드김에 약한 나는 툴툴거리면서도 옷을 껴입고 집을 나섰다.

전화로 안내해 준 미술관 직원의 말대로 수원 영통의 황골 마을 정류장에서 내려 택시를 잡아탔다. 온 길을 다시 거슬러 달리다가 비좁은 흙길로 들어서니 나무 한 그루 없는 벌건 흙 벌판이 펼쳐졌다. 그곳은 아파트가 들어설 자리라고 운전사가 말해 주었다.

한창 흙을 파내는 작업을 하는 공사장을 헤집고 들어가니 멀리 시멘트 블록으로 지은 축사 같은 것이 보였다. '저게 설마 미술관일 리는 없겠지.' 하며 바라보는데 '이영 미술관'이라는 글자가 크게 눈에 들어왔다. 순간 추위를 무릅쓰고 나선 것이 후회스러웠다.

돼지우리를 개조해서 만들었다는 미술관 로비에 들어서자 정면에 붙어 있는 "90, 아직은 젊다"라는 일곱 글자가 이마를 때리는 것 같았다. 나이 구십이 아직 젊다고? 마치 몇 대 얻어맞고 잠에서 깨어난 듯한 기분이었다. 90이 아직 젊으면, 70은 청춘? 친구가 우리들을 불러낸 뜻을 알 것 같았다.

'전혁림 신작전.' 화가가 2005년에 그린 그림을 보여주는 자리이다. 전시장에 들어서니 강렬한 색채와 거대한 캔버스가 우리를 압도한다. 세로 3m, 가로 7m라는 캔버스. 난 이렇게 큰 그림을 이제껏 본 일이 없다. 게다가 화폭 위에서 일렁이는 거침없고 힘찬 오방색(五方色)이 강렬한 생명력을 뿜어내고 있었다. 어느 누가 이것들을 구순 노인의 그림이라고 믿겠는가. 더구나 이 모두가 노 화가가 올 한 해에 그린 그림들이라니!

통영 바닷가에서 자란 화가는 그가 어린 시절에 벗 삼았던 파도, 물새, 물고기와 그를 둘러싸고 있던 바위, 나무, 하늘과 구름 따위를 민화적 상상력으로 형상화해냈다. 마치 천진난만한 아이가 물감을 가지고 놀듯이 파랑, 노랑, 빨강, 검정과 흰색의 오방색을 가지고 풀어낸 그림에서 아직도 그의 가슴속에 살아 있는 동심을 엿보게 한다.

대문 밖으로 몇 발짝만 나서면 바로 바다가 펼쳐져 있는 마을.

화가가 그곳에서 어린 시절에 해가 지는 줄도 모르고 함께 뛰놀던 개구쟁이들이 바로 김춘수와 윤이상이라고 한다. 통영 앞바다가 키워낸 예술혼들이다. 그들은 제 나름의 감수성과 타고난 자질에 따라 자신들을 빚어낸 바다와 자연을 물감으로, 언어로, 그리고 음률로 풀어낸 것이 아닌가.

구십 평생 고향을 떠나지 않고 그림을 그렸다는 화가. 그는 통영의 자연과 한국의 미를 살리는 일에 평생을 바쳤다. 하지만 중앙 화단에 그가 알려진 것은 이미 칠순이 된 때였다.

목기 과반 320개에 그림을 그려 이어 붙인 '새 만다라'와 제주도 민가의 마룻장과 부엌 문짝에서 잘라낸 나뭇조각에 그린 그림들. 젊은이들에게서도 찾아보기 어려운 실험 정신으로 그는 지금까지 해보지 않은 새로운 시도를 계속하고 있다.

눈만 뜨면 새로운 생각이 머릿속에서 출렁거리고 있는 사람, 뜨거운 창작열과 솟아나는 실험 정신을 주체하지 못하는 사람, 90의 나이에도 '아직은 젊다'고 생각하고 끊임없이 그림을 그릴 수 있는 에너지를 지닌 사람을 어느 누가 노인이라고 말할 수 있으랴.

젊음과 늙음의 차이는 무엇일까. 나이? 나이는 숫자일 뿐이라고 하지 않는가. 열정과 의욕이 일찍이 식어버린 휴화산과 같은 40대라면, 마지막 남은 에너지를 불태우는 구순의 활화산보다 젊다고 말할 수 있을까. 화가의 말대로 '90의 젊음은 40의 늙음보다 더 생기 있고 희망적'일 수가 있다. 그래, 70은 아직 청춘이라고 생각해보자.

사람들은 나이 들면서 "이 나이에…"라는 말을 자주 한다. "이 나이에 뭘 새로 시작해." "이 나이에 그건 해서 뭘 하려고." 하면서 우리는 무언가 해보고 싶은 욕망의 싹을 스스로 짓밟아 버린다. 그뿐인가, "그 나이에 무얼 하겠다고"라든가 "나이도 모르고…" 하며 다른 사람의 의욕마저도 손가락질하고 비아냥거리기 일쑤다. 나 역시 그런 부류의 사람들과 별로 다르지 않았다. 그런데 오늘 구순 노화가의 그림에서 분출하는 에너지가 내 심장을 쿵쿵 소리 내며 뛰게 만드는 것 같다.

그는 그림을 그리지 않고 있으면 자꾸 잡념이 들어서 싫다고 한다. 잡념은 죽음이라고 화가는 말한다. 죽음이란 영원한 휴식인데, 그날이 오기를 기다리며 무기력하게 늘어져 있다면 숨을 쉰다고 해도 죽은 것이나 다를 것이 무엇인가. 죽음을 이기는 길은 바로 일을 하는 것이 아닐까. 자기가 하고 싶은 일, 즐거움을 주는 일을 하는 것, 일을 할 수 있다는 것은 결국 살아 있음을 증명하는 것이 아니겠는가.

집으로 돌아오는 길은 전혀 춥지 않았다. 화폭에서 뿜어져 나온 노 화가의 열정이 내 식어가는 가슴을 뜨겁게 달구어준 때문이리라.

(2006.)

아름다운 침묵

몇 해 전 연말에 남국의 아름다운 해안에서 휴가를 즐기던 수많은 사람들을 무시무시한 파도가 순식간에 삼켜버린 사건이 있었다. 쓰나미 보도를 들으며 나는 그해 가을에 내가 묵었던 호텔 앞의 평화롭던 바다를 떠올렸다. 만약 우리가 해일이 덮친 그 시간에 그곳에 있었다면 가장 먼저 희생당했으리라는 생각에 온몸이 오싹해졌다.

설악산에서는 가을이 무르익어 가던 10월 초, 우리는 인도의 불교 유적을 찾아 스리랑카로 떠났다. 스리랑카는 1972년까지 '실론'이라고 불리던 섬으로 남인도를 지칭한다. 불교의 발원지인 북인도에는 막상 불교 유적이 거의 남아 있지 않지만 스리랑카에는 찬란했던 불교문화의 유적이 많이 남아 있다.

여행 첫날, 콜롬보에서 비행기를 내려 우리가 묵을 호텔에 도착했을 때는 이미 한밤중이었다. 배정된 방을 찾아 우왕좌왕하다가 어둠 속에서 찾아든 방은 호텔 본관 밖에 있는 방갈로였다.

다음날 아침에 서둘러 준비를 마치고 방문을 여는 순간, 우리 내외는 "와!" 하는 탄성을 터뜨렸다. 바로 몇 발짝 앞에 쪽빛 바다가 펼쳐져 있는 게 아닌가. 반짝이는 아침 햇살 속에 너울대는 푸른 파도 위에는 황토 빛 돛을 단 배 서너 척이 한가로이 떠 있었다. 한 폭의 평화로운 풍경화였다.

호텔 주위에 늘어선 열대수(熱帶樹)에는 꽃이 만발했다. 능소화처럼 생긴 분홍 테를 두른 하얀 꽃은 아침 이슬을 머금어서인지 화사하면서도 청초했다. 갓 핀 듯한 꽃들이 바닷바람에 뚝 뚝 떨어지며 풀밭 위로 흩어졌다. '꽃이 지는 아침에는 울고 싶구나.'라고 시인이 노래했듯이 내 가슴도 아렸다. 방금 떨어진 싱싱하고 소담스런 꽃들이 눈물겹게 아름다웠다. 나는 그것들을 집어 머리에 꽂았다. 식당에 들어서자 일행들이 던진 찬사가 낙화에 대한 내 애틋한 마음을 달래주었다.

우리나라에서는 미처 봄이 익기도 전에 나무들은 서둘러 잎보다 먼저 꽃을 피운다. 그러나 상하(常夏)의 나라에서는 푸른 잎이 무성한 나무에 주먹 만한 꽃들이 만발하다. 어디를 가나 꽃천지다. 나무 위에도, 나무 아래에도.

우리 옛 시인이 "낙화는 꽃이 아니랴, 쓸어 무삼하리오."라고 노래했듯이, 우리는 낙화가 안쓰러워 떨어진 그대로 두고 보며 즐긴다. 상하의 나라 사람들은 집 안이든 밖이든 물이 가득 담긴 그릇에 낙화를 띄워 놓는다. 꽃의 생명과 아름다움을 어떻게든 연장하려는 그들의 마음이 애틋하다.

중세 불교 역사에서 찬란한 문화를 꽃피웠던 곳, 고대 스리랑카의 수도였던 폴로나루와로 이동하던 길에 우리는 화장실을 이용하기 위해서 한 호텔로 들어갔다. 작고 아담한 호텔에는 건물 밖과 안이 온통 꽃이었다. 호텔 안에는 결혼식 피로연 준비가 되어 있고 성장(盛裝)한 하객들이 하나둘씩 들어오고 있었다. 볼일을 보고 잠시 후에 나와 보니 신랑과 신부가 자리를 잡고 앉아 있었다. 우리는 예정에도 없는 구경거리를 만난 행운을 얻은 것이었다.

금박이 박힌 인도식 화려한 신부복을 곱게 차려입은 앳된 신부는 행복감을 감추려는 듯 수줍은 미소를 머금고, 신랑은 싱글벙글 행복을 과시하고 있었다. 그들을 바라보고 있던 남편이 느닷없이 뱉은 말, "앞으로 고생길이 훤한 것도 모르고 저렇게 좋아하고 있군." 그의 말이 틀리지 않기에 그날의 꽃인 신부가 그날 하루만큼은 마음껏 행복하기를 빌어주었다.

다음 날, 박물관 관람을 마치자 이미 해가 기운 시각이었다. 밀림의 오솔길을 따라 한참 들어가니 어둠 속에 딱정벌레처럼 낮은 지붕들이 나타났다. 조촐한 오두막들이 숲속에 점점이 흩어져 있었다. 배에서는 쪼르륵 소리가 나고 하루 종일 땀을 흘린 몸을 씻고 식당으로 달려갈 마음으로 서둘러 현관문을 열었다.

순간 또 탄성을 질렀다. 방바닥에서 꽃잎들이 우리들에게 환영 인사를 하고 있는 게 아닌가. 색색의 꽃잎과 초록빛 나뭇잎으로 'WELCOME'이라는 글자가 새겨져 있었다. 나는 탄성과 함께 가슴이 먹먹해지는 것을 느꼈다.

인도식 만찬 후에 민속춤을 구경하고 나자 파김치가 되었다. 방으로 돌아와 보니 방바닥의 꽃잎들은 깨끗이 치워지고, 이번에는 침대 위에 'GOOD NIGHT'이라고 곱게 씌어 있었다. 나는 글자가 흐트러지지 않도록 조심조심 침대 속으로 들어가 꽃 글씨를 덮고 향기로운 잠에 빠졌다.

꽃이 지천인 땅에 사는 사람들, 꽃을 사랑하는 사람들만이 베풀 수 있는 꽃다운 배려였다. 지친 나그네를 감동시키고 여행의 피로를 달래주기에는 어떤 훌륭한 서비스도 그보다 더 좋을 수 있을까. 그들의 영혼은 꽃을 닮아 있을 것만 같았다.

꽃을 들고 택시를 기다리면 택시가 금방 온다고 하던 친구의 말이 생각난다. 꽃을 들고 있기만 해도 꽃처럼 아름답고 향기로워 보이는가 보다. 꽃을 보고 얼굴을 찡그리는 사람이 있을까. 어쩌다 길섶의 작은 풀꽃이라도 만나게 되면 나도 모르게 걸음을 멈추고 들여다보고 미소 짓게 된다.

우리는 사랑하는 사람에게는 무엇보다 꽃을 주고 싶어 하고 꽃으로 사랑을 고백한다. 병상에 있는 사람을 방문할 때도 또 고인을 찾아갈 때도 꽃을 들고 간다. 19세기 미국 작가 데이비드 소로우는 '꽃의 매력 가운데 하나는 그에게 있는 아름다운 침묵'이라고 말했다. 꽃은 말없이 사랑을 전하기에 우리가 꽃을 좋아하는가 보다.

이 봄에 노란 프리지어 한 다발을 안고 누군가를 찾아가고 싶다.

(2009.)

레드 콤플렉스

대한민국 전체가 붉은 물결로 뒤덮여 있었다. 월드컵 16강을 겨루는 경기가 시작되던 날, 광화문 네거리를 가득 메운 붉은 색. 빨간 깨알을 뿌려 놓은 것 같은 인파를 TV 화면으로 보면서 전율인지 감동인지 알 수 없는 떨림이 온몸으로 퍼져왔다. 이 땅에서 이런 광경을 보게 될 줄이야.

그러자 이미 여러 해 전에 내가 받은 충격이 되살아났다. 노동쟁의 현장에서 주먹을 쥐고 구호를 외치는 노동자들이 머리에 빨간 띠를 두른 것을 TV 화면에서 처음 본 순간, 가슴이 섬뜩하고 온몸에 소름이 쫙 끼치는 것이었다. '왜 하필이면 빨간 머리띠?' '저래도 되나?' 빨간 머리띠를 맨다는 것은 나에게는 공산주의자임을 선언하는 행위로 인식될 뿐이었다.

6·25전쟁 후 언제부터인지 우리 생활에서 빨강이라는 말과 색이 사라지는 것을 나는 보았다. 내가 초등학교에 다닐 때만 해도

운동회 때면 홍백으로 편을 갈라 싸우고 응원을 했다. 그런데 언제부터인지 '홍백전(紅白戰)'이 '청백전(靑白戰)'으로 바뀌고 말았다.

우리는 '빨강'이라는 말 자체를 입에 올리는 것도 두려워했다. 성장기에 좌우 이데올로기의 극한 대립 시대를 살아온 사람들에게 '빨강'은 단순한 색의 명칭이 아니었다. 그것은 금기의 색, 공포의 색이었다. 빨간 보자기만 보아도 6·25때 큰 건물마다 펄럭이던 붉은 인공기가 떠오르면서 가슴이 섬뜩해지는 것이었다. 마치 '파브로브의 개'가 종소리가 나면 침을 흘리는 것과 같은 반응이었다.

'붉은 악마'라는 축구 응원단이 처음 등장했을 때 나는 내 눈과 귀를 의심하지 않을 수 없었다. 붉은 악마라고 하면 나에게 연상되는 것은 바로 '공산 괴뢰 정부'였다. 이 나라에서 붉은 악마라는 명칭과 빨간색 유니폼을 공식적으로 택할 수 있다는 사실이 충격이었다는 사실을 이 시대의 젊은이들이 어찌 이해할 수 있으랴.

어떤 재불(在佛) 망명자는 그의 저서에서 "레드 콤플렉스에 찌든 남한 사람들은 빨간 색만 보면 공산당을 떠올리는 것이다. 한국 사람에게는 빨간 사과도 빨간 토마토도 속이 빨간 수박도 모두 공산당의 상징이다."라고 말하고 있다. 그가 파리에서 빨간색 중고 자동차를 샀을 때 그곳의 한국인들이 "빨갱이라 역시 빨간 색을 좋아하는구먼." 했다고 하니 우리의 빨간색에 대한 거부감이 눈물겹지 않은가.

'빨갱이'라는 말, 그보다 더 무서운 것이 또 있었을까. "너는 빨갱이야."라는 말은 곧 죽음을 의미했다. 빨갱이로 몰려 목숨을 잃고 온 집안이 쑥대밭이 된 경우가 어디 한둘이었는가. 그런데 모두가 가슴 한가운데에 'Be The Reds'라고 씌어 있는 빨간 티셔츠를 입고 광화문으로, 시청 앞 광장으로 달려가고 있었다.

6·25전쟁이 일어나기 전, 여대를 다니던 큰언니가 좌익 운동을 한다는 것을 알게 되신 아버지는 언니가 집 밖 출입을 못하도록 방에 가두어 둔 적이 있었다. 나는 언니가 몰래 빠져나가도록 망을 보기도 하고 언니의 전령사 노릇을 하기도 했다. 언니는 인민군이 북으로 후퇴할 때 가족들에게 작별의 인사 한마디 남기지 않고 그들과 함께 월북하고 말았다.

공산주의라는 이념이 언니에게는 모든 것을 버릴 만큼 그토록 가치 있는 것이었을까. 부모 형제와 안락한 가정과도 바꿀 만한 것이었을까. 내가 대학에 다닐 때 우리 학과의 남학생에게서 이승만 정부의 독재에 항거하는 운동에 동참하라는 권유를 받은 적이 있었다. 나는 완강하게 고개를 저었다. 의식이 없는 젊은이라는 비아냥 같은 것은 두렵지 않았다. 이념 대립으로 인한 비극을 어린 나이에 뼈저리게 겪은 나에게 이데올로기란 분열을 일으키는 무서운 힘, 한 핏줄을 나눈 형제에게 총부리를 들이대도록 만드는 비정한 폭력일 뿐이었다.

언니가 '빨갱이'라는 것을 누가 알까 봐서 가슴 졸인 세월이 얼마였던가. 그 끔찍한 세월이 나의 성장기였기에, 그것이 내 신체적 성장을 저해했는지도 모른다는 생각을 가끔 했다. 어린 나이에 겪은 그 아픔이 반 백 년이라는 세월이 흐른 이 날까지도 나를 '레드 콤플렉스'에서 놓아주지 않고 있었던 것이다.

대한민국의 월드컵 4강 진출의 꿈을 실현시키기 위해서 약속이나 한 듯이 빨간 티셔츠를 입고 경기장으로, 시청 앞 광장으로, 하다못해 가까운 학교 운동장으로 몰려간 시민들. 거기엔 이데올로기의 벽은커녕 남녀의 벽도 나이의 벽도 존재하지 않았다.

태극기를 얼굴에 그리고, 머리에 쓰고, 몸에 두르고 "대~한민국"을 외치는 붉은 물결 속에서 우리는 모두 하나였다. 조국의 분단과 가족의 이산의 아픔을 겪으며 반세기(半世紀)를 살아온 우리 세대의 한이 태극기의 물결 속에서 열광과 감동이 되어 출렁이고 있었다.

이제 '빨강'은 나에게 더 이상 공포의 색이 아니다. 그것은 환희의 색, 희망의 색이 되었다. 오늘날까지 나를 옥죄고 놓아주지 않던 붉은 망령을 나는 가슴 저 밑바닥에서부터 토해내고 있었다. 목이 터져라 "대~한민국"을 외치는 함성과 함께 붉은 파도 속으로 그 끔찍한 망령을 몰아내면서 내 볼에는 뜨거운 눈물이 하염없이 흘러내리고 있었다.

(2003.)

만년 젊은이

결혼식장에 가려고 모처럼 미장원에서 머리를 만지고 여느 때보다 정성을 들여 화장을 했다. 그리고 새로 장만한 밝은 색 옷을 입고 보니 거울에 비친 내 모습이 제법 젊어 보인다. 내친 김에 옷에 어울리는 귀고리나 한 쌍 살까 하고 예식장 앞의 백화점으로 들어갔다.

"할머니, 그거 할머니가 할 거예요?" 하는 소리에 무심히 고개를 들고 둘러보니 나 이외에는 아무도 없지 않은가. 점원 아가씨가 나에게 하는 말이었다. 젊은 여자에게나 어울릴 귀고리를 할머니가 뭘 할 거냐며 정신 차리라고 끼얹은 찬물을 한 바가지 뒤집어쓴 기분이었다.

요즈음 대체로 모임에서는 내가 최고령자이기 일쑤이니 어쩔 수 없는 할머니임을 부인할 길이 없다. 그러나 아직도 한 군데 내가 노인 대우를 받지 않는 곳이 있으니 행운이라고나 할까.

몇 년 전 삼풍백화점이 무너졌을 때 일이다. TV에서 연일 매몰된 생존자 수색 작업을 생중계하는 것을 우리 내외는 부모님과 함께 가슴을 졸이며 시청하고 있었다. 백화점 청소부 여덟 명이 지하실에 갇혀 있다가 극적으로 구조되는 장면이었다. 중계자가 숨 가쁜 목소리로 "지금 할머니 한 분이 나오십니다. 58세 된 할머니입니다." 하는 것이었다. 그러자 어머님은 내 남편에게 "세상에, 쉰여덟 살 먹은 할머니가 그렇게 닷새나 갇혀 있었다는구나, 쯧 쯧." 하셨다. 그러자 남편은 덤덤하게 "저도 쉰여덟인데요." 하는 게 아닌가. 어머님은 어안이 벙벙하여 할 말을 찾지 못하셨다. 마치 '아니, 내 아들이 벌써 그렇게 늙었단 말인가?' 하며 어처구니없어 하시는 것 같았다. 58세 된 여자는 할머니로 보이지만, 당신의 아들이 벌써 노인이 되었다는 생각은 여태껏 해보신 적이 없었던 것이다.

나는 밖에 나가면 어쩔 수 없는 '할머니'이지만, 집에서는 아직도 어른을 모시는 '젊은이'이다. 한 달에 시어미 노릇은 고작 며칠뿐이고, 며느리 노릇이 내 주된 역할이기 때문이다. 사실 시어미 노릇이 며느리 노릇보다 어려운 일인데, 나는 여전히 쉬운 역을 맡고 있으니 얼마나 다행한 일인가.

어떤 이는 생활의 리듬이 깨지고 살림살이에 소홀해지면 큰댁에 계시는 시어머니를 모셔오겠다는 전화를 건다고 한다. 그 전에 우선 집안 청소부터 시작하고, 다음에는 시장을 봐다가 음식을 장만한다. 비로소 식탁은 모양새를 갖추게 되고 생활도 다시 반듯하게 되기 때문이란다. 나이 먹어갈수록 나태해지고 느슨해지기 십상인데, 그렇지 않도록 조여 주는 '나사'를 나는 아직도 모시고 있으니 자식으로서 이보다 더 큰 복도 없으리라.

젊었을 적에는 아내의 머리 모양이 바뀌었는지, 새 옷을 입고 나섰는지 알아보지 못하던 남편이 야속하기도 했지만, 늙어가면서는 그 무심함이 그렇게 편할 수가 없다. 그 덕에 집안에서는 차림새에 마냥 게을러지다가도 아버님이 계시니 헝클어진 모습도 가다듬어야 하고 매무새도 단정하게 바로 잡아야 하는 것이다.

마음이 산란하고 어지러울 때일수록 나는 입술에 미소를 띠고 방문을 나선다. 방 밖에는 내가 해내야 할 배역이 기다리고 있으니 그에 어울리는 분장을 하는 것이다. 그러면 가슴속에서 출렁이던 파도라도 어지간히 잔잔해진다.

늙어가면서 10년, 20년 후의 내 모습을 생각해 보고 앞으로 어떤 모습으로 노년을 살아갈까 생각하게 된다. 지난 세월 수없이 되뇌었던 이야기를 흘러간 옛 노래를 부르듯이 되풀이하는 노인은 되지 않아야겠다. 겪을 만큼 겪고 세상 이치를 알 만큼 아는 나이 든 자식 앞에서 선생님의 훈화 같은 말씀을 앞세우는 노파심도 접어둘 줄 알아야겠다. 그 대신 자식의 이야기에 조용히 귀 기울일 줄 아는 지혜로운 노인이 되고 싶다.

세월이 가고 나이가 들어도 자식은 부모님 앞에서는 늙지 않는다. 아니, 부모님이 계신 한 자식은 늙을 수가 없다. 당신의 며느리가 며느리와 손자를 둔 할머니가 되어도, 당신에게 며느리는 항상 옛적 '새아기'의 모습으로 머물러 있는지도 모른다. 그렇다면, 당신 앞에서는 늘 젊은 며느리로 살 수 있는 특권이 내게 주어져 있는 셈이 아닌가. 이 나이에도 변함없이 '젊은이' 배역을 맡고 있으니, 어찌 축복이라 아니할 수 있으랴.

영영 늙을 수 없는 '만년 젊은이'라는 축복받은 배역으로 막을 내려야겠다. 막이 내린 다음에 갈채가 쏟아지든 야유가 날아오든 그것은 내 몫이 아니다. 다만, 내가 맡은 이 배역을 위해 최선을 다하면 되는 것이다.

"부모님, 건강하게 오래오래 사세요."

(2002.)

쪽진 성모상

얌전하게 쪽을 진 여인이 아기를 안고 있다. 배꼽을 내놓은 아기는 어머니의 무릎 위에서 마냥 행복한 모습이다. 한 손으로는 아기의 머리를 쓰다듬으며 아기를 내려다보고 있는 어머니는 성모님이다. 흙으로 빚은 것인데 앉은키가 한 뼘 남짓밖에 되지 않는다. 보통 성물(聖物) 판매점에서 파는 성모상은 코가 오뚝한 서양 얼굴인데 이분은 얼굴이 동글납작한 전형적인 한국 여인이다.

몇 년 전, 수녀들이 운영하는 장애자재활원에서 봉사 활동을 한 적이 있는데, 그곳에 있는 도자기 공방에 가끔 들르곤 했다. 남보다 짧은 팔과 어린애 것처럼 작은 손으로 빚어내는 도공 아주머니의 솜씨가 신기하고 놀라웠다. 상품으로 팔려 나가지 못해 선반 위에서 먼지를 뒤집어쓰고 있는 찻잔과 항아리들 사이에서 어느 날 그 성모님이 내 시선을 끌었다.

한국 여인 모습으로 성모상을 만들고 싶어 빚은 것이라고 아주머니는 말했다. 초벌구이 때 받침대 부분에 금이 갔기 때문에 유약을 바르지 않고 그냥 놔두었다고. 실패작이니 아무에게도 줄 수 없다는 그 성모상을 빼앗다시피 해서 가져왔다.

마음이 산란하고 울적할 때면 책상머리에 놓아둔 성모상을 가만히 들여다본다. 보일 듯 말 듯한 미소를 머금은 얼굴을 바라보고 있노라면 내 입가에도 저절로 엷은 미소가 번진다. 오래전, 아기를 품에 안고 쌕쌕 잠든 모습을 내려다보고 있을 때 가슴으로 그득하게 차오르던 그 느낌. 아마도 여인의 마음이 가장 평화로울 때가 그 순간이 아닐까. 성모상의 얼굴이 바로 그런 평화로움을 느끼게 한다.

전형적인 한국형의 오동통한 볼을 만져본다. 초벌구이만 한 것이어서 손가락 끝의 감촉은 까슬까슬하지만 가늘게 째진 눈과 입술 선이 부드럽고 섬세하다. 잔잔한 미소에서 은근하고 살가운 정이 느껴진다. 살짝 들린 저고리 앞섶 밑의 젖가슴은 푸근한 모정을 더욱 잘 드러내고 있다. 반듯하게 앞가르마를 타서 쪽을 진 동그스름한 얼굴은 바로 우리 어머니의 얼굴이다.

우리 어머니 시대에는 아이들을 보통 대여섯, 많으면 여남은도 낳으셨다. 형제가 십 남매나 되는 친구들도 있었다. 내 어머니도 여덟을 낳아서 일곱을 키우셨다. 어머니는 열아홉에 첫 출산을 시작하여 마흔 셋에 막내를 낳으셨으니 20년이 넘는 긴 세월을 출산으로 사신 것이다.

아기 젖을 떼고 나면 홀가분하기보다 가슴이 허전하더라고 하시던 어머니의 말씀이 생각난다. 그러다 얼마 안 되어 또 아기가 들어서더라고 하셨다. 뽀얗게 터질 듯이 젖살이 오른 아기를 품안에 보듬을 때의 그 포근함, 한 손으로 엄마의 젖가슴을 만지며 아기가 젖 빨기에 열중하는 힘을 느낄 때 온몸으로 전율처럼 전해오던 그 희열감, 전적으로 무방비 상태인 여린 생명에게는 '내'가 가장 소중한 존재임을 느낄 때의 그 가슴 뿌듯함, 그런 것들을 어머니는 놓아버리기가 아쉬우셨나보다.

세상에서 가장 평화롭고 또 가장 행복한 그림이 무엇이냐고 물으면 아기를 품에 안고 젖을 물리고 있는 어머니의 모습이라고 나는 대답하리라. 어머니는 20여 년 동안 그 행복을 향유하셨다고 말한다면 지나친 역설일까. 아기에게 젖을 물리고 있는 며느리를 바라보면서 부러움 같은 야릇한 느낌이 나를 흠칫 놀라게 한 적이 있었다는 사실을 털어놓지 않을 수 없다.

조혼을 하셨기 때문에 초등학교 교육밖에 받지 못한 내 어머니는 대학원 교육을 받은 딸들보다 더 지혜롭고 해박하셨다. 숱한 출산의 고통을 겪어내고 그 많은 철부지들을 어엿한 인격체로 키워 내는 동안에 어머니는 교육자가 되고 철학자가 되신 것이다. 자녀를 한둘밖에 두지 않는 이 시대의 여인들에게서 우리 어머니들의 슬기와 너그러움을 기대하는 것은 지나친 바람이리라.

요즘 TV에서 흔히 "엄마 사랑해요" "○○야 사랑해"라고 말하는 것을 보게 된다. 어른 앞에서는 자식에 대한 애정을 보이는 것이 금기시(禁忌視) 되어 있던 우리 사회에서 언제부터 사랑한다는 말을 그렇게 마구 입에 올리고 살게 되었는지 모르겠다. 하나, 우리 어머니들은 말로 사랑을 나타내지 않으셨다. 그 많은 자식들과 따로 오붓한 시간을 가질 여가조차 없었다. 언니들은 동생들을 업어주고, 데리고 놀고 또 숙제를 도와주면서, 그렇게 우리는 많은 형제들 틈에서 물 흐르듯이 사랑을 나누며 자랐다.

우리는 요즘 아이들처럼 엄마의 사랑을 독차지하려 하지도 않았고 엄마의 사랑을 의심해 보지도 않았다. 공기를 눈으로 볼 수는 없지만 우리가 공기 속에 살고 있듯이 우리는 드러나지 않는 속 깊고 은근한 사랑 속에서 자연스럽게 자랐다.

갸웃이 고개를 숙이고 아기를 내려다보고 있는 성모상의 얼굴을 하염없이 바라보고 있다. 그 인자한 미소 뒤에 숨어 있는 억척 같은 강인함과 끈질긴 인내가, 그리고 대지처럼 넓은 가슴속에서 숨 쉬고 있는 풍성한 생명력이 나는 몹시 부럽다.

내가 아이를 하나밖에 낳지 못한 탓일까, 다시 이 세상에 태어난다면 또 한 번 여자로 태어나서 아기를 열쯤 낳고 싶다는 어리석은 생각이 문득 드는 것은.

(2002.)

4부

별을 지키는 남자

지름길 찾기 | 창호지 바르던 날
별을 지키는 남자 | 기다림 | 얼굴에 대하여
부부 싸움 | 노을 속으로 달려가던 아이
멈춰 선 괘종시계 | 손끝으로 오는 것 | 벼랑 위의 궁전

지름길 찾기

인사동으로 가는 길이었다. 버스노선이 바뀌어 YMCA 앞에서 내렸다. 옛 화신백화점(현재의 삼성빌딩)을 향해 걸어가는데 널찍한 골목이 눈에 띄었다. 거기 골목이 있다는 것을 잊고 지냈나보다. 그러고 보니 그 길로 들어가 본 적이 별로 없는 것 같았다. 잠시 망설였다. '이 골목으로 들어가? 그냥 대로로 가다가 공평빌딩을 끼고 가? 아냐, 인사동으로 질러갈 수 있을 거 같은데. 내 눈짐작이 맞는다면 이 골목을 뚫고 나가면 옛 태화관 부근이 될 거야.' 오랜만에 옛 버릇이 발동을 했다. 발품과 시간을 아끼기 위해 나는 골목으로 들어섰다.

꽤 넓던 길이 얼마 걷지 않아 점점 좁아졌다. 막다른 골목이면 어쩌나 하는 조마조마한 마음으로 꼬불거리는 골목을 따라가다 보니 한 사람이 겨우 지나갈 수 있을 정도로 좁아지는 게 아닌가. 마주 오는 사람이라도 만나게 되면 벽에 붙어 서서 길을 비켜주어야 할 지경이다. 서울 한복판에 이렇게 좁은 골목이 아직도 남아 있다니. 마치 코흘리개 적 친구라도 만난 듯 반가웠다. 얼마 만에 걸어보는 골목길인가. 나 자신도 이해하기 어려운 느낌에 순간 흠칫했다. 그 비좁은 공간에 잠시 멈추어 서서 나는 마치 엄마 품에 안긴 듯 고즈넉한 평화로움을 맛보고 있었다.

아니나 다를까, 내 짐작이 맞았다. 가르마 같은 골목을 빠져나오니 바로 주차장이 있고 그 왼편이 태화관이 있던 자리다. 인사동에 갈 때면 질러갈 수 있는 지름길을 찾은 것이 자못 대견스러웠다.

내가 기억하기로는 서울은 골목길이 미로처럼 얽혀 있는 도시였다. 전차나 버스가 다니는 대로를 벗어나면 마치 나무가 큰 가지에서 곁가지를 치듯이 크고 작은 골목이 나 있었다. 잘못 알고 들어가면 막다른 골목을 만나서 낭패를 보기도 했다. 하지만 골목길을 잘 알고 나면 발품과 시간을 아낄 수 있는 지름길을 알게 되는 것이다.

나는 초등학교에서부터 대학을 졸업한 후에도 광화문에서 멀지 않은 동네에 살았다. 소공동과 지금 세종문화회관 부근인 도렴동, 그리고 사직동과 통인동에서 살았기에 학교에 오갈 때면 언제나 지름길을 찾아 골목을 누볐다.

오늘날 도심의 고층 건물 사이에 섬처럼 남아 있는 골목길이 도시의 이방인 같다. 멋진 양복을 입은 젊은이들 틈에 낀, 갓을 쓴 꾀죄죄한 노인 같다고나 할까. 하지만 나는 그 골목길에서 마치 고향에 돌아온 것 같은 정다움과 아늑함을 느끼고 있었다.

작은 기와집들이 처마를 맞대고 있는 도심의 골목은 남편과 아이들이 모두 나가고 난 아침나절에는 주부들의 마당이었다. 동네 우물이 사라진 도시에서 집 앞 골목은 아주머니들이 나물이나 김칫거리를 다듬으며 입방아를 찧는 장소였다. 그들은 앞집 남편이 무슨 반찬을 좋아하는지, 뒷집에 숟가락이 몇 개인지도 빤히 알고 있었다. 그곳은 사람 사는 냄새가 물씬 풍기는 삶터였다.

오후가 되면 골목은 아이들의 놀이터가 되었다. 학교가 파하고 나면 계집애들은 공기놀이, 숨바꼭질, 고무줄놀이 따위를 했다. 사내아이들은 딱지치기라든가 자치기 또 말타기 놀이에 해가 지는 줄 몰랐다. 굴뚝에서 저녁 짓는 연기가 모락모락 피어오르고 된장 냄새와 꽁치 굽는 냄새가 아이들의 코를 간질이면 뱃속에서는 꼬르륵 소리가 났다. "○○○야, 밥 먹어라." 엄마가 부르는 소리에 아이들은 놀던 것을 버리고 흩어져 집으로 달려갔다.

대학에 다닐 때는 사직동에서 걸어 내려와 지금 미국대사관 앞에서 버스를 탔다. 돈암동 방향으로 가는 버스를 타고 창경궁 맞은편의 서울대학병원 앞에서 내려 캠퍼스를 가로질러 가면 지금은 마로니에 공원 옆에 우리 대학 강의실이 있었다. 빨간 시계탑에서부터 문리대로 통하는 고갯길은 숲이 우거지고 한적해서 사색에 잠겨 걷기에 좋은 길이었다.

나는 그 멋진 길을 외면하고 짐짓 골목길을 택하곤 했다. 서울

대병원에서 한 정거장을 더 가 명륜동에서 버스를 내려 꼬불꼬불한 골목길을 걸었다. 여기저기 연탄재도 쌓여 있고 어쩌다 지린내조차 풍기는, 삶의 땟국에 찌든 골목길이 지름길이라는 이유에서였다.

사실, 몇 걸음이나 가깝고 또 몇 분이나 절약이 되었을까. 아낀 그 시간으로 과연 무엇을 했을까. 이해하기 어려운 절약 정신이다. 전쟁 후의 어려운 시대를 살면서 절약이 몸에 밴 탓이거나, 아니면 '시간은 금'이라고 배운 때문일까. 의대 캠퍼스를 걷다 보면 혹시 멋진 의대생을 만날 수도 있을 거라는 생각은 아예 없었나보다.

어쩌다 그 일이 생각날 때면 실소를 터뜨리곤 한다. 그러다 문득 긴 세월을 살아오면서 혹시 내가 지름길을 찾아 헤매지나 않았을까 하는 생각에 나 자신을 돌아보게 된다. 과연 인생에도 지름길이 있을까? 뛰는 토끼는 자만해서 경주에 지고 느림보 거북이가 결국에는 이겼다는 옛 우화가 있다. 요즘에는 그에 대한 반론도 심심찮게 나오고 있지만, 인생이라는 기나긴 경주에서는 진부한 듯하지만 그보다 더 변함없는 진리도 없는 것 같다. 지름길인 줄 알고 들어서고 보니 오히려 더 길고 험난한 길이 되기도 하는 것이 우리의 인생길이 아닌가.

오늘 또 내 절약 정신이 발동을 한 것이다. 아마 영영 고칠 수 없는 고질병인가 보다.

(2008.)

창호지 바르던 날

하늘이 구름 한 점 없이 높고 푸르다. 햇살은 따가운데 대기는 투명하고 깔깔하다. 이런 가을날이면 온 집안의 문짝들을 모두 떼 내어 새로 창호지를 바르고 싶어진다.

새로 바른 창호지를 손가락 끝으로 튕기면 팽팽하게 마른 종이에서 마치 가야금의 현을 튕길 때처럼 '쨍' 소리가 났다. 마당에 그늘이 짙게 드리워질 즈음 잘 마른 문짝들을 제자리에 끼워 놓고는 사뭇 악기라도 연주하는 기분으로 창호지를 튕겨대곤 했었다.

고등학교와 대학을 다니던 시절, 우리는 한옥에 살았다. 그때는 단풍이 산과 들을 곱게 물들이게 되면 묵은 창호지를 떼어내고 새것으로 바르곤 했다. 어머니는 일요일 중 하루를 잡아 놓고 온 식구에게 외출 금지령을 내리셨다. 겨우살이 준비 1호를 위해 일손을 동원하는 것이다.

일 년 내내 문을 여닫다 보면 창호지는 여기저기 땜질이 되고 먼지가 끼어 누렇게 퇴색한다. 낡은 창호지를 새것으로 바꾸는 것은 어렵기보다는 즐거운 일이었다. 영하의 추위에 손을 호호 불어가며 일해야 하는 김장에 비하면, 일 년 중에 가장 좋은 계절에 하는 이 일은 놀이처럼 할 수 있는 것이었다. 하지만 시간이 많이 걸리기 때문에 온 식구가 아침부터 서둘러야 했다.

우선 문짝들을 모두 떼어 마당에 내다 놓는다. 제일 먼저, 비스듬히 세워 놓은 문짝의 창호지를 물에 적신 털 빗자루로 알맞게 적셔 놓는다. 그러면 오래지 않아 어렵지 않게 젖은 창호지를 떼어낼 수 있다. 이때, 젖은 종이를 아무렇게나 찢어내면 안 된다. 두 손으로 창호지 양 끝을 뜯어내면서 달래듯이 살살 잡아당기면 한 장이 통째로 벗겨진다. 그 벗긴 종이도 함부로 버렸다가는 어머니의 불호령이 떨어진다. 그것들을 맑은 물에 흔들어서 장독 위에 널어 말려 놓으면 두고두고 요긴하게 쓸 수 있다. 개구쟁이 막냇동생은 강아지를 빚는다고 젖은 창호지에 풀을 섞어 주물러 대다가 맘대로 안 되면 동그랗게 빚어 공처럼 던지다가 어머니께 꾸중을 듣기도 했다.

닥나무 껍질로 만든 한지는 그 질긴 특성 때문에, 우리 조상들은 한지로 여러 가지 생활용품을 만들어 썼다. 오늘날 우리가 상상조차 할 수 없는 용품을 한지로 만들었다. 방한용으로 옷감 사이에 두어 목화솜 대용으로도 사용하고 하다못해 요강이며 옷장, 갑옷까지도 만들었다고 하니 그 쓰임새가 어느 정도였는지 알 만

하다. 어머니가 헌 종이 한 조각이라도 허투루 버리지 않으시던 그 알뜰함을 뒤늦게 이해하게 된다.

다음에는 문살에 붙어 있는 묵은 풀과 먼지를 깨끗이 닦아내고 나서 바람이 잘 통하는 그늘에서 문짝을 말려야 한다. 문짝이 마르는 동안 온 식구가 대청에서 점심을 먹고 나면 어머니는 풀을 쑤셨다. 풀의 농도는 너무 되지도 묽지도 않아야 하는데 어머니는 오랜 세월 쌓인 경험으로 농도를 잘도 맞추셨다.

문짝이 바짝 마르면 먼저 창호지에 풀비로 풀을 고루 바른 다음 두 손으로 종이 한 끝씩을 잡고 문에 붙인다. 이때 창호지가 찢어지지 않도록 조심해야 한다. 그 다음에 종이가 문살에 잘 붙도록 마른 털 빗자루로 종이 위를 쓸어준다. 만약에 풀이 너무 묽다든가 창호지가 문살에 잘 붙지 않았다가는 다 되었다고 돌아서는 순간, 종이가 스르르 미끄러져 내려오는 낭패를 보기도 한다.

새 종이를 붙인 문짝은 직사광선을 피하되 바람이 잘 통하는 곳에서 말린다. 그늘에서는 종이가 팽팽하게 마르지 않고, 땡볕에서는 종이가 갈라지기 쉽기 때문이다. 팽팽하게 마르지 않은 창호지는 다시 적셔 말려야 한다. 어머니가 냉수를 한 입 물고서 '푸' 하고 뿜어내면 물이 마치 안개비 같은 작은 입자가 되어 나왔다. 물푸레를 하는 어머니의 기술은 참으로 놀라웠다. 나도 흉내를 내보려 했지만 그것은 하루 이틀로 배울 수 있는 기술이 아니다. 결혼을 하고 긴 세월 살림을 한 다음에야 나도 어머니처럼 할 수 있게 되었다.

다음에는 '미화 작업'이다. 손잡이 언저리는 쉽게 찢어지거나 구멍이 나기 때문에 공책 한 장만하게 자른 종이를 한 겹 더 발라 줘야 한다. 이때 빨간 단풍잎을 몇 장 끼워 넣으면 격자 창문에 운치가 더해진다. 그 일은 동생과 내 몫이었다. 우리는 대단한 미술 작업이라도 하는 듯 아무도 끼어들지 못하게 하며 이 일에 공을 들였다.

마지막으로 문풍지를 붙이는 일이 남아 있다. 폭이 10여 센티미터가 되도록 종이를 길게 잘라 문짝의 위에서부터 아래까지 붙여야 한다. 문풍지는 문틈으로 새어 들어오는 굵은 바람을 제법 잘 막아주니까. 예전에는 창호지 한 장으로 한겨울의 삭풍을 막고 살았는데, 알고 보니 한지는 보온력이 뛰어나서 유리문보다 창호지문이 찬 바깥 공기를 더 잘 차단한다고 한다. 선조들의 지혜에 고개를 숙이지 않을 수 없다.

깜빡 잊을 뻔한 일 하나, 쪽창 만들기를 빼놓아서야 되겠는가. 격자의 한 칸에 해당하는 창호지를 잘라내고 거기에 손바닥만한 유리 한쪽을 붙인다. 문을 열지 않고도 밖을 내다볼 수 있는 작은 창이 생기는 것이다. 이 일까지 끝내면 작업 완료.

뽀얀 새 창호지로 갈아입은 문짝들을 모두 제자리에 끼워놓고 나서 방바닥에 벌렁 누우면 큰일을 해낸 뿌듯함에 피로도 말끔히 사라졌다. 내 마음도 마치 새 옷으로 갈아입은 것처럼 날아갈 듯

상쾌했다. 마음에 낀 묵은 때도 이렇듯 일 년에 한 번씩 깨끗이 벗겨낼 수 있다면 얼마나 좋을까.

이 가을날, 어디선가 팽팽하게 마른 창호지를 튕기는 소리가 들리는 듯하다. 그 그리운 소리가 반 백 년의 세월을 뛰어 넘어 귓가에 쟁쟁하다.

(2007.)

별을 지키는 남자

새로 발행된 만 원권의 뒷면에는 혼천의(渾天儀)가 있다. 그 밑의 녹색 바탕을 자세히 들여다보면 별자리 지도가 그려져 있는 것을 알 수 있다. 하지만 아마 나처럼 자세히 들여다보는 사람은 별로 많지 않으리라.

그것이 조선시대의 '천상열차분야지도(天象列次分野之圖)'라는 것을 알게 된 것은 천문학자인 남편 덕분이다. 천문도(天文圖)가 새 지폐의 도안으로 채택된 것에 대해서 남편은 자못 흥분했다. 우리나라의 천문학 보급에 크게 기여하게 될 것이라고 하면서.

'천상열차분야지도'는 하늘에 있는 모든 별을 12개의 분야로 펼친그림이다. 원래 고구려의 천문도를 계승한 것으로, 조선 초기부터 석각본, 목판본과 필사본으로 전해져 내려온 것이다. 달력이나 시계가 없던 옛날에는 시간과 계절을 알기 위해 하늘의 별을 보아야 했다. 우리 조상들은 오랜 세월 천문 현상을 관측하여 훌륭한 별자리 지도를 만들었던 것이다.

쌍안경조차 없던 시절에 맨눈으로 별을 관측하여 지도를 만들려면 얼마나 많은 사람들이 얼마나 많은 밤을 별을 보며 지새워야 했을까. 하늘에 총총히 박힌 그 많은 별들을 초저녁부터 새벽까지 관측하고 기록한 그들의 집념과 노력이 새삼스럽게 느껴진다.

밤하늘의 별을 본다고 하면 우리는 먼저 낭만을 떠올리게 된다. 하늘이 짙푸르게 맑은 밤, 드넓은 하늘을 가로지르며 흐르는 은하수를 사이에 두고 반짝이는 견우별과 직녀별을 찾으며 두 남녀가 사랑을 맹세하는 장면을 떠올리며 미소를 짓기도 할 것이다. 그러나 별자리 지도를 만들기 위해서 밤을 지새우며 별을 지켜보아야만 했던 사람들에게서도 낭만을 찾을 수 있을까. 그들에게 그것은 과학적 탐구이며 또한 막중한 임무였으리라. 온 세상이 곤히 잠든 한밤중에 홀로 깨어 내리감기는 눈꺼풀을 비벼 가며 별을 하나씩 관찰하고 그 자리를 기록하는 일은 얼마나 고된 일이었을까.

늘 한 자리에 있지 않고 움직이는 별들의 위치를 기록하려면 한겨울이라고 쉴 수는 없다. 살을 에는 추위와 싸우며 별을 지켜야 한다. 솜이불을 뒤집어쓰고 손을 호호 불어가며 별을 관측하는 일은 고행에 다름없었을 것이다. 따끈한 아랫목이 얼마나 그리웠을 것이며 아내와 함께 하는 포근한 잠자리는 또 얼마나 간절했으랴. 지엄한 왕명과 투철한 사명감이 있다 한들 아마도 그것은 자신과 벌이는 싸움이었을지도 모른다. 느닷없이 하늘에 먹구름이라도 뒤덮여 주기를 바랄 때도 있지 않았을까.

별들이 숨어 버리기를 바라는 것은 아마도 남편보다 아내가 더 간절했을지 모른다. 허구한 밤, 별에게 낭군을 빼앗기는 여인들. 물론 별을 보는 남자의 아내만이 남편을 일에 빼앗기고 사는 것은 아니다. 밤낮없이 학문 연구라든가 일에 파묻혀 사는 남자의 아내도 다르지는 않으리라. 그들은 가족의 일이나 집안의 대소사를 챙기는 자상한 남편이 될 수는 없을 것이다. 아내의 생일에 장미꽃을 안겨 준다거나 결혼기념일을 기억해서 이벤트를 준비하는 그런 남편과는 거리가 멀다. 그들은 슈퍼맨이 아니기 때문에 자신이 전념하고 있는 일 이외의 다른 것에는 관심도, 마음을 쓸 능력도, 여유도 없다.

소크라테스의 아내 크산티페는 악처로 알려져 있다. 남편의 머리 위로 물바가지를 쏟아 부었다는 유명한 일화를 남긴 여인이다. 내가 결혼하기 전에는 그런 못된 여자를 아내로 둔 소크라테스를 불행한 남자라고 생각했다. 그런데 과학자와 수십 년을 함께 살면서 내가 그녀에게 일말의 동정심을 갖게 되었다고 한다면 지나친 일이라고 할까. 학문에 몰두하느라 집안일에는 '나 몰라라' 하는 남편, 늘 제자들에 둘러싸여 인생과 학문을 논하며 토론을 벌이는 남편이, 아내가 묻는 상식적인 질문에는 대답조차 하지 않는 남편이, 아내인 크산티페로서는 얼마나 야속하고 원망스러웠으면 물세례까지 퍼부었을까.

오래전에 ≪리더스 다이제스트≫에서 읽은 〈과학자의 아내는 슬프다〉라는 기사가 반세기의 세월이 지난 오늘까지도 내 뇌리에서 지워지지 않고 있다. 내가 과학을 전공하는 사람과 결혼하고 나서 그 기사가 바로 내 이야기라는 것을 깨닫게 되는 데는 오랜 시간이 걸리지 않았다.

신혼여행에서 돌아와 옷가방을 내려놓자마자 남편은 연구실로 달려 나갔다. 복도에서 마주친 수위 아저씨가 신혼여행 간 사람이 어떻게 벌써 왔느냐고 놀라더라고 했다. 그날 밤에 그는 컴퓨터 센터에서 밤을 새우고 다음날 새벽에 돌아왔다.

학문이든, 예술이든, 어떤 분야에서든 한눈팔지 않고 자신의 일에 몸과 마음을 투입하는 열정과 집념이 없이는 어떤 성취든 이루어 낼 수가 없다. 다른 모든 것을 버리고 자신의 일에만 몰입한 그런 사람들을 우리는 대단하다고 생각한다. 인생의 황혼기에 들어 지난날을 뒤돌아볼 때면, 그들에게는 자신의 삶에 대한 일말의 유감이라든가 회한은 없을 것만 같다.

하지만 그들도 인간이기에 가슴 한구석에 어떤 아쉬움 같은 것이 숨어 있지는 않을까 하는 생각을 하게 된다. 일에만 전념하느라고 일상에서 만나게 되는 작은 재미와 즐거움을 소홀히 하지 않을 수 없었던 것을 그들은 어떻게 여길까.

"좀 재미있게 살았더라면 좋았을 걸." 아인슈타인이 말년에 했다는 말이다. 내 남편은 지금 어떤 생각을 하고 있을까 자못 궁금해진다.

(2008.)

기다림

무슨 소리에 잠이 깨어 눈을 떴지만 아무것도 보이지 않았다. 칠흑 같은 어둠 속에서 웅얼웅얼하는 어머니의 목소리만 들릴 뿐이었다. 그날 밤도 어머니는 경(經)을 외우고 계셨다. 동생들과 내가 잠들고 나면 어머니는 일어나 앉아 어둠 속에서 경을 외우셨다. 밖으로 불빛이 새어 나가지 않도록, 또 한겨울 삭풍을 막기 위해 창문에 얄팍하게 솜을 두어 누빈 북청색 방장(房帳)까지 쳐놓았으니 방안은 별빛조차 들어오지 않는 캄캄한 어둠 속이었다.

1·4후퇴로 서울 시민이 거의 다 남쪽으로 내려갈 때 어머니는 피란을 포기하셨다. "이 엄동설한에 어린것들 데리고 피란 가다가 길에서 얼어 죽겠다."고 말씀하시면서. 부모님의 고향이 개성이기 때문에 남쪽에는 친척은커녕 누구 하나 아는 사람도 없었기에, 그냥 서울에 남아 있기로 하셨던 것이다.

중학교 1학년이던 나와 갓 두 돌이 지난 막내까지, 나이 어린 아이들 넷을 데리고 어머니는 피란 가고 비어 있는 친지의 집으로 몸을 피했다. 대로변에 있는 큰 집보다는 막다른 골목 안의 작은 한옥이 안전하리라고 생각하신 것이다. 이제 돌이켜 보니, 어머니가 피란을 가지 않고 서울에 남아 있기로 했던 것은 어쩌면 인민군에게 잡혀간 아버지가 혹시 돌아오시지나 않을까 하는 기대 때문이었을지도 모른다.

어머니가 절에 가시는 것을 한 번도 본 일은 없었지만, 그 시절 어머니들은 흔히 생래적 불자(佛者)였다. 그래서 어머니는 늘 '관세음보살'을 입에 달고 사셨고 좋은 일이든 궂은 일이든 그저 관세음보살을 찾으셨다.

인민군에게 끌려가신 아버지와 제 2국민병으로 소집되어 나간 오빠가 무사히 돌아오라고, 그리고 뿔뿔이 집을 나가 있는 과년한 두 언니들과 우리 식구 모두에게 아무 일 없기를 비느라고 어머니는 천수경(千手經)을 외우는 거라고 하셨다. 전깃불조차 없는 한겨울 밤에, 일찌감치 잠든 아이들 곁에서 어머니는 천수경을 외우셨다. 식구들의 안위를 위해 경을 외우지 않으셨다면, 잠 못 이루는 그 기나긴 밤을 어머니는 어떻게 보내실 수 있었을까.

겨우내 먹을 식량이 충분했을 리도 없었을 텐데, 저녁밥을 지으면 어머니는 어김없이 아버지의 진지 주발에 밥을 퍼 놓으셨다. 아버지가 불쑥 들어와 밥을 달라고 하실 리도 없건만, 아버지의 진지를 매일 저녁 담아 놓고 찬밥을 만드시는 어머니를 나는 이해할 수가 없었다.

지루하게 끌던 휴전 협정이 조인되자 아버지가 북에서 돌아오실 수 있다는 희박한 가능성마저도 차단되고 말았다. 그런데도 내가 고등학교 3학년이 될 때까지, 그러니까 5년 동안을 어머니는 하루도 거르지 않고 아버지의 저녁 진지를 담아 놓으셨다.

아버지가 납북되시고 십 년이 좀 지났을 때, 어머니는 당신 친구의 끈질긴 권유로 천주교로 개종하셨다. 그러고는 '천수경' 대신에 '성모경(聖母經)'을 외우셨다. 아마 그토록 간절하게 부르는 어머니의 목소리를 듣지 못하는 관세음보살 대신에 성모님에게 매달리고 싶은 마음이 드신 것은 아니었을까.

어머니는 이승을 떠나시는 날까지, 50년이라는 긴 세월 동안 기다림의 삶을 사셨다. 매일 아버지의 저녁밥을 담아 놓는 일은 진작 그만두셨지만 어머니의 기다림에는 변함이 없었으리라. 아니, 아버지가 언젠가는 돌아오시리라는 실낱같은 희망을 차마 버릴 수가 없으셨는지도 모른다.

아흔이 넘도록 어머니는 아버지가 돌아가셨을지도 모르니 제사를 모시자는 말씀을 하지 않았다. 북한의 그 열악한 생활환경 속에서는 어머니와 동갑인 아버지가 어머니만큼 장수하실 것 같지는 않다는 것이 자식들 생각이었지만, 어머니는 그런 말을 한 번도 입 밖으로 내지 않으셨다.

어떤 시인은 "기다린다는 것은 얼마나 사람을 황폐하게 만드는

지 모른다.”고 했다. 사실 기다림이란 사람의 피를 졸이는 일이다. 하지만 기다림의 끈을 놓아버리는 날이면 희망은 마치 끈이 끊어진 연처럼 허공으로 사라지고 만다. 언젠가는 만날지도 모른다는 희망의 불씨를 꺼뜨리지 않고 기다림의 세월을 10년 20년 지속하다 보면, 기다림은 하나의 삶의 이유가 되어버릴 것이다. 기다림에는 한 가닥 희망이 전제되어 있기에, 어머니는 반세기라는 길고 긴 세월을 그렇듯 꿋꿋이 버티어 내실 수 있지 않았을까.

까치 우는 소리가 들리기만 하면 어머니는 어김없이 “반가운 손님이 오시려나.” 하셨다. 그런 날이면 철없던 나는 하루 종일 누군가 오려나 생각하곤 했었는데, 그것은 아버지를 기다리는 어머니의 간절한 마음이었을 뿐이다.

요즘도 까치 소리가 나면, 먼 하늘을 바라보며 “반가운 손님이 오시려나.” 하시던 어머니의 목소리가 들릴 것만 같다.

(2001.)

얼굴에 대하여

지구에는 70억이 넘는 사람들이 살고 있지만 그들은 모두 다른 얼굴을 갖고 있다. 일란성 쌍둥이조차도 얼굴이 완전히 같지는 않다고 한다. 얼굴이 사람의 전부는 아니지만, 우리는 얼굴로 사람들을 구별할 수밖에 없다. 그러니 얼굴은 곧 그 사람의 간판이라고 할 수 있으리라.

그런데 얼굴을 비롯해서 성격이라든가 모든 자질과 특성은 내 의사와는 상관없이 그냥 나에게 주어진 것이다. 문제는, 내 의지로 선택하지도 않은 개체를 '나'라고 받아들이고 일생을 살아야 한다는 것이다. 그냥 주어진 그 '나'라는 존재를 대표하는 내 얼굴이 마음에 들고 만족스럽다면야 전혀 문제가 되지 않는다. 그러나 그렇지 않은 경우를 생각해 보라. 그것은 가혹한 형벌일 뿐 아니라 비극의 시작이 될 수 있다.

과거에는 선천적으로 신체적 장애를 가졌거나 자신의 외모를 남 앞에 드러내기를 꺼려하는 사람들은 그것을 운명으로 받아들이지 않을 수 없었다. 그러나 오늘날 고도로 발달한 성형 기술은 많은 사람들을 조물주의 실수가 빚어낸 불행에서 구제해 주고 있다. 얼마나 좋은 세상인가.

요즘 우리나라에서 성형 수술 광풍이 불다시피 하고 있다. 20대 후반 여성들 사이에서는 성형 수술이 일반화되어 있다는데, 비단 우리나라만도 아니고 세계적인 현상이라고 한다. 하긴, 우리의 최고 통치권자가 사는 청와대까지 그 바람이 휩쓸고 지나갔으니 그 기세가 어느 정도인지 알 만한 일이 아닌가.

물론 아름다워지고 싶은 욕망을 누구도 나무랄 수는 없다. 아름다움을 추구하는 것은 아마 인간의 본능일지도 모른다. 어린 아기도 못생긴 얼굴보다 잘생긴 얼굴을 더 오래 응시한다는 사실이 얼굴에 관한 어느 연구에서 밝혀졌다고 하니 말이다.

이제는 보통 사람들도 배우 '김희선'의 눈이라든가 '장동건'의 코를 만들어 달라고 주문을 하는 세상이 되었다. 그렇다고 주문한 것과 똑같은 코를 의사가 만들어 줄 수 있을까. 게다가 새 코가 얼굴의 다른 부분과 조화를 이룰 수 있을까. 코를 고치고 나면 코는 예쁜데 눈이 마음에 안 들게 되고, 그래서 눈을 고치고 나면 또 다른 부위가 마음에 들지 않게 되는 악순환이 이어질지도 모르는 일이다.

물론 누구나 자기 얼굴에서 한두 군데가 마음에 들지 않을 수 있다. 아마 이 세상의 어느 누구도 자신의 모습이 모든 면에서 완벽하게 마음에 들어서 자신을 이상형이라고 자부하는 사람은 없으리라. 만약 그런 사람이 있다면 그는 자기 향상을 위해 아무런 노력도 하지 않게 될 것이니 그 또한 바람직한 일은 아닐 듯싶다.

예전에는 사람의 아름다움은 외모보다는 내면에 있다고 생각했다. 그래서 미인박명이니, 미인박복이니 하는 말들을 했다. 그런데 이제는 '성질 나쁜 것은 참아도 못생긴 것은 용서하지 못한다.'는 세상이 되고 말았다.

우리가 영상 시대에 살고 있는 탓인지, 피부 두께 이상의 깊이를 보는 눈을 잃어가고 있는 것 같다. 이 시대의 대중들은 가시적인 아름다움만을 추구할 뿐, 육안으로는 볼 수 없는 내면의 미, 인품에서 우러나오는 향기라든가 매력 같은 것에는 청맹과니가 되어가고 있는가 보다.

얼마 전에 여고 졸업 50주년 행사에 170여 명의 동창들이 모였다. 졸업 후에 처음 보는 친구들도 꽤나 되었다. 그들과는 말 그대로 반세기 만의 해후였다. 세월은 단발머리 여학생을 은발의 할머니로 바꿔 놓았지만 주름살 사이사이에서 소녀 적 모습을 어렵지 않게 찾아볼 수 있었다. 그러나 그중에는 이름표를 보아도 옛 얼굴이 떠오르지 않는 얼굴들도 적지 않았다. 무엇이 그들을 그토록 변하게 만들었을까 궁금했다.

흔히 "40 이후의 얼굴은 자기 책임이다."라는 말을 한다. 로마의 키케로는 "모든 것은 얼굴에 있다."고 했고 또 누군가는 "얼굴이 곧 사람이다."라고 말하기도 했다. 긴 세월을 산 사람들의 얼굴에는 그들이 살아온 삶의 내용과 역사가 고스란히 담겨 있다는 뜻이다. 인생 길 굽이굽이를 살아가면서 '얼굴'이 새롭게 만들어진다. 어떤 마음가짐으로, 어떤 철학과 가치관을 가지고 삶의 풍랑을 헤쳐 왔느냐 하는 것과 또 그 과정에서 영근 내적 성장이 나이테 속에 고스란히 아로새겨지는 것이리라.

며칠 전에 어느 미술 전시회에서 「얼굴」이라는 조각 작품을 보았다. 사람의 얼굴을 실물의 두세 배 크기로 만들었는데 뒤통수도 얼굴이었다. 앞뒤가 모두 얼굴인 작품 앞에서 나는 고개를 갸웃거리기만 하고 있었다. 도슨트(작품 해설자)의 설명을 들으니 앞 얼굴은 '현실의 나'이고 뒤의 것은 '이상의 나'라는 것이다. 나는 앞뒤로 왔다 갔다 하며 두 얼굴을 유심히 뜯어보았지만 아무리 보아도 전혀 달라 보이지 않았다. 한동안 두 얼굴을 번갈아 바라보고 있자니 작가의 의도를 알 것 같았다. 아마도 자긍심을 지니고 긍정적 마음가짐으로 최선을 다해 살아온 사람이라면, 그의 현재의 모습이 바로 그의 이상형이라는 사실을 보여주려는 것이 아닐까.

미술관을 나오면서 지금 나의 얼굴이 과연 '이상의 나'일까, 자문해 보았다.

(2007.)

부부 싸움

어제도 남편과 말다툼을 했다. 늘 그랬듯이 발단은 아주 사소한 것인데 옥신각신하다 보면 목청이 높아지고 두 사람 모두 기분이 언짢게 끝나기 일쑤다. 우리가 함께 살아온 지도 40여 년이나 되는데 아직도 이런 일이 되풀이되고 있으니 딱하지 않은가.

남편에게는 남다른 버릇이 하나 있다. 물론 그것으로 남에게 피해를 주거나 혐오감을 주는 것은 아니지만 좋은 버릇도 아닌데 수십 년을 두고 고치지 못하고 있으니 문제다.

어제도 그랬다. TV 뉴스를 보다가 남편을 바라보니 아니나 다를까 또 그 버릇이 발동을 했다. 이제 좀 그만둘 때가 되지 않았느냐는 말이 내 입에서 나왔고 그러다 보니 두 사람이 모두 기분이 언짢아지고 말았다.

사람에게는 누구나 자신이 미처 나쁘다고 인식하지 못하는 버릇들이 있게 마련이다. 가끔 부모나 형제들에게서 좋지 않은 버릇이라고 지적을 당하거나 꾸중을 듣기도 하지만, 그런 것들이 결혼하기 전까지는 별로 크게 문제가 되지 않고 살아갈 수 있다. 그런데 남녀가 한솥밥을 먹으면서부터 대수롭지 않게 생각되었던 각자의 사소한 좋지 못한 습관들이 시간이 가면서 상대방의 비위를 야금야금 건드리게 된다.

처음 배우자의 나쁜 버릇을 알아차렸을 때에는 '그런 버릇이 있는 줄은 몰랐네.' 하며 관대하게 봐 주고 넘어간다. 그런데 그것이 되풀이될수록 불쾌감이 쌓이고 나중에는 참을 수 없는 지경에까지 이르는 것이다. 그것을 지적하고 시정하라고 요청해 보지만 '세 살 버릇 여든까지 간다.'는 말처럼 쉽게 고쳐지지가 않는다.

미국의 어느 대학 연구 팀이 성인 남녀 수백 명을 대상으로 조사하여 보았더니, '부부 싸움은 아주 사소한 것에서 비롯된다.'고 한다. 그것도 단순히 부부 싸움으로 끝나고 만다면 큰일은 아닐 수 있다. 그런데 그 사소한 것이 파국으로까지 이르게 하는 위력을 갖고 있으니 문제는 심각해진다. 연구를 주도한 사람의 말을 빌리자면 "배우자의 못된 습관이 처음엔 약한 반응을 불러오지만 반복될수록 반응이 강화돼 결국 상대에 대한 혐오로 발전하게 된다."는 것이다. 이를테면 젖은 수건을 욕실 바닥에 던진다거나 코를 후비거나 트림을 하는 따위의 사소하지만 못된 버릇으로 부부가 파경에 이를 수 있다는 말이다. 그러고 보니 미국의 희극 배우 잭 레먼이 주연한 1960년대의 영화가 생각난다.

이혼한 부부가 우연히 어떤 자리에서 다시 만났다. 이야기를 나누다 보니 의기투합해서 여자가 남자의 아파트로 갔다. 분위기가 고조되어 함께 잠자리에 들게 되었다. 그런데 남자가 양말을 신은 채로 침대에 눕는 게 아닌가. 그 순간 여자는 기겁을 해서 잠자리를 박차고 일어난다. 자신이 어째서 그 남자와 헤어지게 되었는가를 새삼스레 깨달았기 때문이다. 사소한 버릇이 파경까지 가져올 수도 있다는 사실을 재미있게 보여주는 영화였다.

신혼 때의 일이다. 청소를 하다 보면 식탁 밑에 남편의 양말 두 짝이 나란히 길게 누워 있었다. 식사를 하면서 손을 대지도 않고 기술적으로 벗어 놓는 그 버릇이 처음에는 신기하고 한편 우습기도 했는데 같은 일이 반복되면서 슬슬 불쾌감이 쌓여 갔다. 그뿐만이 아니라 바지를 벗어 방바닥에 그대로 둔 채, 두 발만 살짝 빠져나오는 일이 한두 번이 아니다 보니 짜증이 일어나는 것이었다. 시간이 지날수록 비위를 건드리는 여러 가지 버릇 때문에 드디어 나는 참기 어려운 지경에 이르게 되었다.

어떤 때는 그의 인격마저 의심스러워지기도 하고, 혹시 내가 결혼을 잘못한 것은 아닌가 하는 회의에 빠지기도 했다. 하루는 여성 잡지를 뒤적이는데 기사 하나가 내 시선을 잡아끌었다. 주부들이 남편의 결점이나 나쁜 버릇 때문에 속이 부글부글 끓어오를 때면 우선 책상 위에 종이 한 장을 꺼내 놓으라는 것이다. 그러고는 종이 한가운데에 위에서부터 아래로 줄을 쫙 긋고, 왼쪽에는 그의 나쁜 점을, 오른쪽에는 좋은 점을 생각나는 대로 적으라는 것이다. 장점과 단점을 찾아서 적다 보면 그에게 단점보다는 장점이 더 많다는 사실을 발견하게 된다는 내용이었다.

정신이 번쩍 드는 말이었다. 아무리 내 남편에게 좋지 않은 버릇이 많고 결점이 많다고 해도, 단점보다는 장점이 더 많다는 사실에 눈뜨게 되었던 것이다. 나는 바로 그의 장점을 보고 그를 선택한 것이 아니던가.

그 후로 오랜 세월을 살아오면서 남편의 고질적인 버릇들이 내 비위를 거스를 때면 나는 마음속에서 흰 종이 한가운데에 길게 줄을 긋곤 한다. 그러고는 그에게는 버려야 할 것보다는 그래도 지녀야 할 것이 더 많다고 나 자신에게 타이른다.

어제도 나는 흰 종이 한 장을 소비했다.

(2004.)

노을 속으로 달려가던 아이

아홉 시 뉴스를 보고 있는데 예고도 없이 정전이 되었다. 집안을 온통 밝히던 불이 꺼지고 뉴스를 쏟아내던 TV도 한순간에 조용해졌다. 아파트 창밖의 외등까지 꺼졌으니 그야말로 칠흑 같은 어둠의 세계가 된 것이다.

어둠 속에서 얼마 동안 가만히 앉아 있다 보니 마치 달도 없는 그믐밤에 들판에 앉아 있는 듯한 느낌이 들었다. 문득 오래전에 한동안 머물렀던 미국 서부의 들판이 떠올랐다.

남편이 안식년을 맞아 미국 서부의 애리조나 주에 있는 작은 도시에서 1년쯤 지낸 적이 있었다. 그곳에서 우리는 한 번도 대해 보지 못했던 생소한 자연을 만났다. 풀 한 포기 나무 한 그루 제대로 자라기 어려운 불모지나 다름없는 땅이지만, 자연은 우리가 상상하지 못한 아름다움을 그 안에 숨겨 두고 있었다.

일 년 중에 흐리거나 비가 오는 날은 4, 5일밖에 되지 않는다는 태양의 땅, 한여름에는 포도(鋪道) 위에 떨어뜨린 계란이 금방 익어버린다는 열사(熱沙)의 땅, 도심을 벗어나면 황량한 들판 한가운데에 장승처럼 우뚝 버티고 서 있는 키 큰 '수아로 선인장', 고교 시절에 미국 서부 영화 속에서 경이롭게 보았던 것들을 거기서 실물로 만났던 것이다.

저물 녘 아득한 지평선 너머로 떨어지는 태양은 황량한 무채색의 대지를 온통 기름진 황금빛으로 물들이곤 했다. 찬란한 색채의 향연을 벌이다가 한순간에 여운도 남기지 않고 사라져버리는 낙조. 대기 중에 수증기가 적은 사막 지대 특유의 현상이라고 하는데, 온대지방에 사는 우리로서는 경험해 보지 못한 장엄하고도 황홀한 광경이었다.

그 시절, 저녁을 일찌감치 먹고 나면 우리 내외는 아들아이와 함께 밖에 나가 '후리스비'를 던지고 놀았다. 노을 속으로 후리스비를 잡으러 달려가는 아이의 모습은 마치 날려고 날개를 퍼덕이는 한 마리 새와 같았다. 그 모습을 바라보며 나는 아이가 이다음에 커서 그렇게 저 혼자 날 수 있기를 기원했다.

어둠이 내리면 별들이 하나 둘 얼굴을 내밀고, 깊고 푸른 하늘에서는 그들의 잔치가 시작되곤 했다. 어릴 적에 즐겨 부르던 동요의 노랫말 그대로 밤하늘은 마치 짙푸른 비단 위에 '금강석을 깔아 놓은' 듯했다. 손에 잡힐 듯이 가까이 보이는 별들이 바람이라도 불면 머리 위로 우수수 떨어져 내릴 것만 같았다.

밤마다 우리는 아이와 함께 망원경을 들고 밖으로 나가서 아무런 장애물도 없이 탁 트인 벌판에서 별자리를 하나씩 찾아보았다. 낮에 뜨겁게 달아올랐던 대지는 해가 지자 빠르게 식어 볼을 스치는 바람이 상쾌했다. 우리는 아이와 함께 별을 세는 어린애가 되곤 했다.

번쩍 하고 전기가 들어왔다. 집안은 눈이 부시게 밝아지고 TV에서는 광고 음악이 요란하게 흘러나온다. 마치 마술사의 작은 손짓 하나로 잠들었던 미녀가 벌떡 일어나듯 나는 한순간에 현실로 돌아왔다. 불빛이 눈을 아프게 찌르자 눈을 껌뻑이며 TV를 꺼버린다. 조금 전까지 어둠 속에서 별을 헤아리던 기분은 저 멀리 달아나 버리고, 달콤한 꿈을 꾸다가 깨어난 것 같은 아쉬움이 나를 사로잡는다.

돌이켜보니, 그때가 아마 우리 삶에서 가장 순수하고 행복했던 시간이 아니었나 싶다. 우리는 하나였다. 아이와 어른이 한마음이었다. 그리고 내게는 부러울 것도 더 바랄 것도 없을 것 같았다.

귀국하고 나서도 아들아이는 별을 보려고 했지만, 서울의 아파트 숲 사이로 빠끔히 내다보이는 하늘은 뿌옇기만 했다. 불야성을 이룬 도시의 하늘에서는 별을 찾기가 어려웠다. 그렇다고 우리는 별을 찾아 멀리 나가지도 못했다. 다람쥐 쳇바퀴 돌리듯 하는 일상 속에서 별들은 우리를 떠나 버렸고, 우리는 별을 보려는 마음마저 잃고 말았던 것이다. 그리고 지는 해가 연출하는 눈부신 색채의 향연을 다시는 아이와 함께 만난 적도 없었다.

아이가 반항과 방황의 격랑(激浪)을 헤쳐 가며 소년에서 성인으로 성장해 가는 동안, 그와의 밀월의 관계는 흔들리고 빼그러졌다. 언제까지나 지속되리라고 믿었던 우리의 관계였는데, 그것은 어리석은 어미의 바람일 뿐이었다. 어느 날 문득 아이와 어른이 서로 다른 세계를 살고 있다는 것을 느끼게 되었을 때, 우리는 더 이상 하나가 아님을 인정하지 않을 수 없었다. 그리고 나는 살점이 찢겨져 나가는 아픔으로 아이를 내 품에서 놓아 보내야만 했다. 그러면서 나 역시 아이와 더불어 성숙하지 않았나 싶다.

아들이 자신의 둥지를 틀고 우리 곁을 떠난 지도 벌써 여러 해가 되었다. 어엿한 사회인으로, 가장으로, 그리고 한 아이의 아버지로 제 구실을 다하고 있는 내 자식이 대견스럽다. 그런데, 오래 전에 날개를 퍼덕이듯 노을 속으로 달려가던 아이의 모습이 가슴 아릿하게 그리워지는 것은 웬일일까.

(2001.)

멈춰 선 괘종시계

글을 전혀 읽지 못하시던 시할머니는 우리 집에 오시기만 하면 "땡 땡 소리 나는 시계가 하나 있으면 좋겠구나." 하셨다. 몇 번이나 그 소리를 듣다가 별러서 시계를 사러 나갔다. 마침 며칠 있으면 '어머니날'이기에 팔순이 넘으신 시할머니를 위한 선물로 괘종시계를 사기로 한 것이다.

남대문 시장의 시계 골목에는 온갖 종류의 시계가 많았다. 주로 전지로 움직이는 것들이 많았지만 내가 어릴 때 우리 집 대청에 걸려 있던 것처럼 금빛 추가 달린 고풍스러운 괘종시계를 골랐다. 태엽을 감아주어야 하는 것이 조금 번거로울 것 같았지만 예전 것과는 달리 한 달에 한 번만 감아주면 된다고 했다.

시계를 차탁 위에 놓아두고 남편이 못을 박고 걸어주기를 기다렸다. 며칠이 지나도 남편은 본체만체했다. 아파트의 벽은 워낙 단단해서 내 힘으로는 굵은 못을 박기가 어려웠다. 잘못하면 시계가 떨어져 박살이 날 수도 있으니 어서 못을 박아 달라고 몇 번 채근을 하자 귀찮다는 듯이 "사람을 불러다 박아요." 하는 것이었다. 그렇다고 시계 하나 걸자고 사람을 부를 수도 없는 노릇이 아닌가. 나도 오기가 나서 '언제까지 버티나 보자.' 하며 그냥 내버려 두었다. '할머니를 위해 산 것이니 그분이 오시기 전에는 걸겠지.'

여름방학이 되자 남편은 연구를 위해 외국으로 나가게 되었다. 70년대 중반이었으니, 그때만 해도 외국 여행이 흔하지 않던 시절이기에 아들을 공항까지 배웅하시겠다고 시아버님이 오셨다. 탁자 위에 놓여 있는 시계를 보시더니, "아니, 아직도 시계를 못 달았냐. 망치하고 못을 가져오너라." 하셨다. 꼭 두 달 만에 시계가 제자리를 잡게 된 것이었다.

시계는 크기에 비해 소리가 크고 청청한데다가 30분마다 한 번씩 종을 울렸는데 할머니가 여간 좋아하시는 게 아니었다. 한 시간의 반이 지났음을 알려주는 '땡' 소리는 잔잔한 호수에 던져진 돌멩이처럼 그분의 무료함에 작은 파문을 일으키기라도 한 것이었을까. 뒷짐을 지고 거실을 서성거리다가 시계에서 울려나오는 소리를 감상이라도 하듯 멈추어 서서 귀를 기울이곤 하셨다. 80여 년이라는 세월과 함께 흘러간 수많은 기억의 편린들을 하나 둘 건져 올리기라도 하시는 것 같기도 했다.

초등학생인 증손자가 알아듣든 말든 시할머니는 독백처럼 지나간 이야기를 풀어놓으시곤 했다. 세기 말에 태어나 나라를 잃는 국치에서부터 시작하여 당신이 몸으로 겪으신 이야기들은 다사다난했던 우리의 근대사, 그것이었다. 그 시대를 산 사람들이라면 누구나 함께 겪어야 했던 민족적 수난이었지만 개개인이 살아낸 체험은 각양각색이다. 그 숱한 어려움과 위기의 소용돌이 속에서 한 고개를 넘었나 하면 또다시 앞을 막아서는 고개를 넘으면서 힘겹게 살아내셨던 것이다.

시할머니의 이야기는 단편적이고 두서도 없이 늘 몇 개의 이야기가 되풀이되곤 했다. 그분의 긴 삶에서 도저히 잊히지 않는 일들이었으리라. 이야기는 끊어질 듯 이어지고, 이어질 듯 하다가는 끊어지곤 했다. 마치 고장 난 레코드판이 돌아가는 소리를 듣는 것 같았다.

8·15해방과 6·25전쟁 중에 할머니가 겪으신 일들은 그야말로 박진감 넘치는 전쟁 드라마였다. 평양에 사시던 할머니는 해방이 되고 얼마 되지 않아 큰딸네 식구들만 남겨둔 채 서울에 사는 아들을 찾아서 막내딸을 데리고 38선을 넘으셨다. 열여덟 살 먹은 딸을 소련군의 만행으로부터 보호하기 위해서였다. 딸의 혼수로 장만해 둔 비단 옷감을 빼앗기지 않으려고 할머니는 꾀를 내셨는데 여러 겹을 누벼 이불을 만들어 뒤집어쓰고 한밤중에 38선을 넘었다.

평양에 있던 사위는 9·28수복 후에 북으로 퇴각하는 인민군에게 지주의 아들이라는 죄목으로 끌려갔다. 시키는 대로 구덩이를 판 다음 그들이 쏜 총을 맞고 방금 제 손으로 판 구덩이에 떨어졌으나 치명상은 아니었다. 그는 꼼짝하지 않고 죽은 체해서 확인 사살을 면할 수 있었다. 2차 대전 중에 그렇게 해서 죽지 않았다는 이야기를 책에서 읽은 덕분이었다.

1·4후퇴로 서울 시민들이 모두 남쪽으로 피란을 나갈 때, 할머니와 식구들은 우여곡절 끝에 인천에서 미국 군함 LST에 올라타는 행운을 얻었다. 목적지였던 부산이 피란민으로 포화 상태가 된 탓에 배는 반도 남단의 섬, 제주도로 뱃머리를 돌렸다. 섬 생활을 시작한 지 얼마 후, 젖먹이까지 다섯 아이들의 아버지였던 당신의 아드님(내 시아버님)이 결핵성 늑막염으로 생사의 기로에 서게 되었다. 할머니는 외아드님을 위해 온갖 민간요법을 쓰고 특효가 있다는 뱀을 먹이셨다. 뱀이 흔한 제주도로 피란을 가게 된 것과 또 당신의 손자(내 남편)가 투병중인 아버지를 기쁘게 해 드리기 위해 열심히 공부한 것도 모두 하늘의 뜻이었다고 당신은 굳게 믿고 계셨다.

돌이켜 보니, 8·15해방 후의 혼란과 민족 전쟁의 소용돌이 속에서 그분이 겪어낸 이야기들은 내 아들에게 살아 있는 역사 공부가 되었다. 그리고 내게는 세상을 살아가는 슬기와 지혜를 가르쳐 주셨다는 것을 그때 나는 모르고 있었다.

시각을 알리는 종소리와 함께 세월은 흘러갔고 할머니는 영영 가시고 말았다. 한 달에 한 번만 감아주면 되던 태엽이 날이 가면서 그 기간이 조금씩 단축되었다. 속절없는 세월 속에서 태엽은 점점 탄력을 잃어 갔다. 30여 년 동안 감기고 풀리면서 시간을 알려주더니 어느 날 다시는 감아줄 수도 없이 태엽이 늘어져버렸다. 제 구실을 하지 못하는 시계는 무용지물이다. 하지만 30여 년 동안 내 거실의 벽 한 면을 지키고 있던 것을 떼어내기가 서운해서 한동안 그대로 두었다.

못을 박을 시간조차 내기 어려워하던 남편이 요즘은 설거지를 하는 아내의 등 뒤에서 "뭐 도와줄 일 없나?" 한다. 쉼 없이 '똑딱' 거리는 시계추처럼 자신이 종사하는 일밖에 모르던 사람이었다. 그런데 이제는 그가 태엽이 늘어져버린 시계처럼 보이니 안쓰럽다.

(2008.)

손끝으로 오는 것

준비가 되었느냐고 재촉하는 남편의 목소리가 들린다. "다 됐어요. 목걸이만 걸면 돼요." 그런데 목걸이 장식이 얼른 끼어지지 않는다. 다시 시도해 봐도 고리는 자꾸 빗나가기만 하고 제자리에 들어가지 않는다. "다 됐소?" 재촉하는 소리가 날아오니 손은 더욱 더듬거리게 된다. 나는 그만 짜증이 나서 목걸이를 던져 놓고는 방문을 나섰다. "목걸이 하나 거는 데 뭐 그리 오래 걸리는 거요?" 하는 남편의 말에 나는 대답도 하고 싶지 않아서 앞장서서 밖으로 나갔다.

차를 타고 가면서 얼마 전에 친구가 하던 말이 문득 떠올라 피식 웃음이 나왔다. 친구가 외출 준비를 하는데 목걸이 고리가 제대로 잠기지 않았다. 여러 번 해 봐도 되지 않아서 하는 수 없이 그대로 나가 버스 정류장에서 어느 젊은 여자에게 잠가 달라고 부탁을 했다는 것이다. "목걸이를 안 걸면 그만이지 길에서 남에게 부탁까지 하면서 걸 필요가 뭐냐?"고 했더니, 그만 빼려고 해도 빠지지 않고 그렇다고 고리가 잠기지도 않아서 그럴 수밖에 없었다고 했다.

그때 나는 눈물이 나도록 한참 동안 웃었다. 그런데 단순히 배꼽 잡게 우스울 때 나오는 눈물만은 아닌 듯했다. 아마도 어쩔 수 없이 늙어감에 대한 서글픔과 우리들의 모습에 대한 연민 같은 것이 묻어 있지 않았을까.

늙음은 손끝에서부터 먼저 오는 것 같다. 마치 손가락 끝에 눈이라도 달린 듯이 아무리 가느다란 목걸이라도 목 뒤에서 단번에 재까닥 끼울 수 있던 손이었다. 그토록 예민하던 손끝이 언제부터인지 목걸이 고리를 걸 때마다 몇 번씩이나 헛손질을 하게 된 것이다. 그러다 문득 내가 늙었구나 하는 생각이 나를 흠칫 놀라게 했다.

옛 시조에 "백발이 제 먼저 알고 지름길로 오더라."고 했는데, 사실 자신이 나이 들었음을 자각하기도 전에 먼저 오는 것이 어디 백발뿐인가. 내 몸이 내 의지를 배반하기 시작했을 때, 내 몸이 내가 하고자 하는 생각대로 따라 주지 않는다는 사실을 깨닫게 되었을 때, 느닷없이 뒤통수를 얻어맞은 듯 나는 비틀거렸다. 아, 이런 것이 늙는 것이로구나.

여러 해 전, 설에 친정에 가서 조카며느리들과 만두를 빚었다. 시부모님이 평양 분들이라 명절이나 생신에는 반드시 만찬상에 올라야 하는데다가 평상시에도 자주 만들어 먹었기에 나름대로 만두 빚는 데는 선수라고 자부하고 있던 나였다. 그런데 한참 빚다보니 내가 만두를 빚어 내놓는 속도가 젊은 조카며느리들보다 훨씬 뒤지는 것이 아닌가. '세상에, 이럴 수가, 어쩌다 내 손이 이렇게 굼뜨게 되었을까.' 내가 늙었다는 사실을 확인하는 순간이었다.

"밤에는 검은 색은 보이지 않아서." 하시며 바느질거리를 밀어 놓으시던 어머니를 이해할 수 없다는 눈으로 바라보던 시절이 있었다. 밝은 색이나 어두운 색이나 무슨 차이가 있는지 정말 알 수 없는 노릇이었다. 그런데 내게도 그런 현상이 일어나고 있다는 것을 깨달았을 때 나는 어머니를 붙잡고 용서를 빌고 싶은 심정이었다.

늙음은 때가 되면 누구에게나 찾아온다. 아무리 피해 보려고 몸부림쳐도 빠져나갈 길이 없다. 잡초처럼 돋아나는 흰 머리카락에 검은 물을 들이고, 검버섯을 빼내고 늘어진 피부를 잡아당기기도 하면서 우리는 젊음을 가장하기도 한다. 그러나 손끝에서부터 오는 늙음이야 무엇으로 막을 수 있으랴.

어느 노 신부님이 하신 말씀이 생각난다. 하느님은 인간을 참으로 오묘하게 만들었다는 것이다. 나이 들면 눈이 침침해져서 먼지나 티 같은 작은 것들이 잘 보이기 않기 때문에 젊을 때처럼 반들반들 깨끗하게 하거나 일을 완벽하게 하려고 애쓰지 않아도 된다.

손은 무디어지고 일의 능률은 떨어지는데, 작은 오점들이 눈에 거슬리면 얼마나 힘들겠는가. 그뿐인가, 보기 싫은 것은 못 본 척하고, 또 귀가 어두워지니 듣기 싫은 소리는 듣지 말고, 엔간히 자잘한 것들일랑 참견도 하지 않도록 되어 있다는 것이다.

나이가 들어감에 따라 우리는 젊음의 패기와 열정 같은 것을 잃기는 하지만 그 대신 연륜과 함께 많은 것을 얻기도 한다. 잡으려고 또 놓치지 않으려고 아등바등 매달리던 것들도 지나고 보니 별것 아니요, 상처받고 아파했었지만 이제는 괜찮지 않은가. 화해란 생각할 수도 없던 이에게 먼저 손을 내밀어 악수할 수 있는 용서와 관용의 아량도 나이와 함께 오는 듯하다. 더구나 노년에는 많은 것을 포기하지 않을 수 없기에 어쩔 수 없이 겸허함을 배우게 되기도 한다.

운전대를 잡기만 하면 평소와는 달리 조급증이 앞서서 추월당하는 것을 견디지 못해하던 남편이 오늘은 끼어드는 차에게 관대하게 자리를 내어준다. '이 사람도 이젠 늙었나 봐.' 나는 속으로 중얼거렸다. 이래서 늙는 것이 나쁘지만은 않은가보다.

(2004.)

벼랑 위의 궁전

새벽부터 버스를 타고 열대의 정글 속을 한 시간쯤 달리는 중이다. 난데없이 시원스럽게 탁 트인 초원이 눈앞에 펼쳐진다. 안내자가 가리키는 곳으로 무심히 시선을 옮기다가 나도 모르게 "아!" 하는 탄성을 터뜨린다. 거대한 바위산이 마치 땅속에서 불쑥 솟아오른 듯이 우뚝 버티고 서 있는 것이 아닌가. 스리랑카의 밀림 한가운데에 서 있는 '시기리아'라는 이 바위산은 마치 사자가 웅크리고 앉아 있는 것 같다고 하여 '사자의 언덕'이라고도 불린다. 그 이름 탓일까, 도저히 범접할 수 없을 것 같은 위엄이 거기에 서려 있다.

이제부터 저 절벽 꼭대기로 올라가야 한다. 열대의 나라 스리랑카에서 1,200개나 되는 가파른 철 계단을 올라가려면 햇살이 뜨거워지기 전에 시작해야 한다. 하늘은 투명하게 푸르고 아직은 아침 바람이 상쾌하다. 정상에 있다는 궁성 터에 가기 위해서 우리 일행은 새벽 4시 반부터 일어나서 이렇게 서두르고 있는 것이다.

세계 10대 불가사의 중의 하나라고 하는데, 누가 밀림 속에 자리 잡고 있는 이 요새 같은 바위산에 궁전을 세웠을까. 까마득하게 높은 저 봉우리 위에 궁궐을 지은 까닭은 또 무엇일까. 어떻게 그 많은 돌을 끌어올려 궁전을 지었단 말인가. 또 얼마나 긴 세월을 두고 그 어려운 공사를 했을까. 하필이면 왜 저토록 가파르고 높은 바위산 위에 왕궁을 세웠는지 그 사연이 몹시 궁금했다.

1500여 년 전, 스리랑카의 한 왕국에서 왕과 미천한 여인 사이에서 첫 왕자가 태어났다. 어머니의 신분 때문에 왕위를 계승할 수 없는 장자는 동생이 왕위 계승자가 되는 것을 지켜볼 수밖에 없는 운명이었다. 그러나 그는 가만히 앉아서 자신의 운명을 한탄만 하는 사람이 아니었다. 자신의 손으로 운명을 바꾸기로 마음먹은 그는 드디어 인간으로서 차마 해서는 안 될 일을 저지르고 만다.

하지만 그가 부왕(父王)을 죽이면서까지 차지한 그 자리는 그야말로 가시 방석이었다. 이웃 나라로 피신한 동생이 언젠가는 군사를 이끌고 쳐들어올지도 모른다는 두려움으로 그는 하룻밤도 마음 놓고 잠을 이룰 수 없었을 테니까. 숱한 밤을 뜬눈으로 고심하던 그는 꿈에 나타난 노인의 말에 따라 동생이 들이닥칠 수 없는 잠자리를 마련하기로 했다. 밀림 속에 우뚝 선 바위, 천연 요새와 같은 '시기리아' 위에 궁전을 짓기로 한 것이었다.

16년이나 걸린 대 역사였다. 수많은 사람들의 땀과 피로 지어진 왕궁이 완공되던 날, 카샤파는 아마도 왕위에 오른 후 처음으로 두 다리를 쭉 뻗고 잠을 이룰 수 있었으리라.

무려 1500여 년이라는 긴 세월이 흘렀건만 바위를 파내고 벽돌로 마무리했다는 수영장은 옛 모습을 거의 그대로 유지하고 있다. 연회장도 있었다는 궁터를 둘러보다가 나는 문득 엉뚱한 생각에 사로잡혔다. 높디높은 바위산 위의 그 왕궁이 과연 그에게 안전한 피난처였을까. 아니, 그곳은 제한된 공간에 자신을 스스로 유폐시킨 유배지는 아니었을까. 아름다운 여인들에 둘러싸여 아무리 호사스런 생활을 했다 하더라도 그것은 제왕의 삶이 아니라 한낱 유배자의 삶이었다는 생각이 나를 놓아주지 않았다.

인간이기에 천륜을 어긴 죄에서 놓여날 수 없는 죄책감을 그 요새인들 막아줄 수는 없었을 것이다. 암벽에 춤추는 여인들을 그려 놓고 아버지의 넋을 위로한다고 했지만, 아들에게 죽임을 당한 아버지의 원혼을 이 세상의 무엇으로 달랠 수 있단 말인가.

산봉우리에 세운 왕궁에서 그가 15년을 산 어느 날, 드디어 동생이 군사를 이끌고 쳐들어왔다. 그는 코끼리를 타고 싸움터로 나갔다. 코끼리가 바위에 발이 걸려 쓰러지자 허리에 차고 있던 단검을 들어 스스로 목숨을 끊고 말았다. 아버지에 대한 씻을 수 없는 죄의식과 언젠가는 동생에게 죽임을 당할 날이 오고야 말

것이라는 공포감에 시달리며 살았을 그는 자신의 손으로 종지부를 찍고 싶었을지도 모른다.

야망이라는 덫에 걸리면 천륜을 어기는 일도 서슴지 않는 것이 인간인가. 손에 넣기만 하면 만사형통일 것만 같은 옥좌였는데, 성취에서 오는 기쁨은 그렇게 길지 않다는 것이 비극의 시작이 되는 것이다.

우리 역사에도 조카를 죽이고 왕의 자리를 빼앗은 임금이 있다. 세조는 생전에 알 수 없는 피부병에 시달렸다. 조선 왕조의 국시였던 억불 정책에도 불구하고 절을 여기저기 세우고 전국의 명찰(名刹)을 찾아다녔지만 그 병을 고칠 수는 없었다.

아찔하도록 가파른 계단을 조심스레 내려오는데 열대의 태양이 걸음을 재촉한다. 잠시 밀림의 넉넉한 그늘에 앉아 쉬며 방금 내려온 까마득하게 높은 시기리아를 쳐다본다. 스스로 지은 죄의 굴레에서 영영 벗어날 수 없는 것이 진정 인간의 운명이 아닐까.

눈이 시리도록 푸른 하늘에 한 점 구름이 한가롭게 떠간다. 인간의 야망이라는 것이 저 구름과 같은 것을.

(2005.)

5부

밥벌이와 밥하기

어둠 속을 달리던 전차 | 밥벌이와 밥하기
남편보다 낫다 | 중공군과 쌀자루 | 양말을 깁던 날
전업 주부가 꿈이라고? | 프리지어를 안은 여인 | 야속해
불로문(不老門) | 편지 없는 우체통

어둠 속을 달리던 전차

석양 무렵이었다. 엄마는 내게 제일 예쁜 옷을 입혀주면서 공원에 간다고 하셨다. 저녁 때 공원이라니, 이상하다고 생각했더니 친척 아저씨의 결혼식에 간다는 것이었다. 내가 난생 처음 가보는 결혼식이었다. 나는 아버지 팔에 매달리며 깡충깡충 뛰었다. 집 부근의 작은 공원이 아니라 전차를 타고 멀리 있는 큰 공원으로 가는 것이라고 하니 더욱 신이 났다.

아마 내가 여섯 살이 되던 해 초여름의 일이었던 것 같다. 대여섯 살 어릴 때의 기억이라면 두어 개의 토막 그림들이 아스라하게 남아 있는 것이 보통일 터인데, 그날의 나들이는 감명 깊었던 영화의 한 장면처럼 긴 세월 속에서도 아직도 내 기억 속에 생생하다.

그때 우리는 중국 상해에 살고 있었는데, 아버지와 온 식구가 처음으로 함께 한 나들이가 아니었나 싶다. 그 이후로 온 가족이 아버지와 함께 그렇게 나들이를 한 기억이 별로 없으니 말이다. 아버지가 내 곁에 계셨던 13년이라는 길지 않은 세월 동안에 아버지와 함께 했던 기억들은 사실 몇 되지 않는다.

이미 문을 닫을 시간이어서 사람들이 모두 나가고 텅 빈 공원은 한없이 고요하고 평화로웠다. 노을이 깔린 드넓은 잔디밭은 마치 짙은 초록색 융단을 깔아 놓은 것 같았다. 눈같이 흰 드레스를 입고 기다란 면사포를 끌면서 나타난 신부는 눈이 부시게 아름다웠다. 6살짜리 계집아이는 마치 자신이 신부가 된 듯이 황홀경에 빠졌다. 수줍은 듯 고개를 숙인 하얀 신부 곁에 키가 큰 신랑이 까만 연미복을 입고 서 있는 모습은 동화책에서 본 왕자와 공주의 혼례식 그대로였다.

사방이 캄캄할 때 우리는 전차를 타고 집으로 돌아왔다. 전차 안에 승객이라고는 우리 가족 말고는 별로 없었다. 밖은 어두운데 환하게 불을 밝힌 전차 안에서 나는 엄마 손을 꼭 잡고 있었다. 맞은편에 앉은 아버지와 오빠 그리고 언니들을 바라보면서, 말로 표현할 수 없는 그 무엇이 가슴을 꽉 채우는 것이었다. 작은 가슴이 빠근하도록 충일(充溢)한 행복감이었으리라. 이대로 밤새도록 달리면 얼마나 좋을까 생각했다.

6·25전쟁이 일어나고 아버지가 납북되신 후에 우리 가족이 겪은 숱한 어려움 속에서도, 그날 밤의 장면을 떠올리면 내 시린 가슴은 어느덧 따듯해지곤 했다. 아버지가 계신 동무들이 가슴이

아리도록 부러울 때면, 숨겨 두었던 알사탕을 몰래 꺼내서 빨아먹듯이 나는 불빛이 환하던 그 전차를 떠올리곤 했다.

정전(停戰)이 되고 얼마 되지 않았을 때, 하루는 초등학교를 함께 다녔던 아이가 영화 구경을 시켜줄 테니 자기 집에 가자고 해서 서너 명이 우르르 몰려갔다. 토요일이었는지 낮인데도 그애 아버지는 집에 계셨는데 우리 모두가 영화를 볼 돈을 주셨다. '우리 아버지라면 구경 끝난 다음에 군것질할 돈도 주셨을 텐데.' 나는 부러움을 이렇게 삭혀야만 했다.

며칠 후 나는 엄마에게 졸라 돈을 타내어 영화 값을 돌려주었다. 안 받겠다는 것을 억지로 주고 나서 나는 다시는 그 아이와 놀지 않았다. 아버지가 계신 그 친구와 든든한 가장이 버티고 있는 온전한 가정을 부러워하게 되는 것이 나는 두려웠는지도 모를 일이었다.

온 가족이 아버지와 함께 했던 여섯 살 적 그 장면은 지금도 내 기억의 화첩 속에 곱게 간직되어 있다. 그것은 오랜 세월 나를 지탱해 주는 힘이 되어 주었고, 세월이 가면서 빛이 바래기는커녕 이순이 지난 오늘날에도 엊그제 찍은 사진처럼 또렷하기만 하다.

흔히 '인간은 망각의 동물'이라고 한다. 하지만 망각이라는 기능은 의식적이든 무의식적이든 편의에 따라 작용하는 것 같다. 가슴 아픈 기억이라든가 다시는 생각조차 하기 싫은 일들을 우리는 기억의 영역 밖으로 내몰아 버린다. 그러나 행복했던 순간과 아름다운 추억은 긴 세월이 흘러도 마치 얼마 전의 일인 듯 우리 안에 그대로 살아 있게 된다. 게다가 가끔씩 꺼내 보기 때문에 세월의 더께조차 끼지 않는다.

남편을 일찍 여읜 여인이라든가 상처(喪妻)한 남자가 재혼하지 않고 살 수 있는 것은, 사랑하는 사람과 함께 누린 시간들이 정지된 화면처럼 기억 속에 각인되어 있기 때문이리라. 북한에 처자를 두고 월남한 후에 반세기나 되는 긴 세월 동안 끝내 재혼하지 않고 살아온 사람들이 있다. 가슴으로 파고드는 외로움에 잠 못 이루는 밤이면 차곡차곡 쌓아 둔 추억의 조각들을 하나씩 들춰보면서 외로움을 삭이고 그리움을 다독이지 않았을까. 가족과 더불어 나눈 아름다운 순간을 떠올리면서 마치 그들이 곁에 있는 듯이 가슴이 훈훈해지는 것을 느꼈을지도 모른다. 그렇지 않았다면, 그 긴 세월 뼛속까지 시려오는 외로움을 어떻게 견뎌낼 수 있었을까.

사랑하는 이들과 함께 한 시간은 그 길고 짧음에 의미가 있지 않을지도 모른다. 비록 그 시간이 길지는 않다 하더라도 오랜 세월을 두고 잊을 수 없는, 영영 간직하고 싶은 빛나는 추억은 우리 삶의 버팀목이 되고 고달픈 삶의 한 자락을 영롱하게 채색해 줄 수 있으리라.

오늘도 나는 환하게 불을 밝힌 전차를 타고 어둠 속을 밤새도록 달리고 싶다.

(2001.)

밥벌이와 밥하기

요즘 은퇴한 연령층 사이에서 떠도는 우스갯소리가 있다. 남편이 집에서 한 끼도 밥을 먹지 않고 밖에서 끼니를 해결하면 '0식님', 집에서 한 끼만 먹으면 '1식 씨', 두 끼를 먹으면 '2식 군', 세 끼를 다 먹으면 '3식이', 간식까지 달라고 하면 '4식 새끼'라나. 누가 만들어냈는지 모르지만 노년에 들어선 주부의 밥하기의 고충을 패러디한 재치가 놀랍다.

남편들이 밥벌이에 한창 바쁘던 때에 주부들은 소박한 행복을 꿈꿨다. 저녁마다 식구들이 모두 모여 앉아 오붓이 밥을 함께 먹는 것이었다. 돌이켜보니 그런 시절도 있었는데, 세월을 탓할 수밖에. 몸은 예전 같지 않아 일의 능률은 떨어지고, 천직인 줄 알았던 '밥하기'가 어느덧 부담이 되다니. 자식들이 제 둥지를 틀고 나가면 밥하기에서 해방되기를 주부들은 내심 기대했었다. 그런데 웬걸, 이젠 더 큰 족쇄에 발목이 잡히고 말았다. 노상 밖에서 먹던 밥이 지겨웠던지 남편들은 은퇴한 다음에는 '방콕'을 즐긴다. 그러니 노년의 주부들은 해방은커녕 오히려 '밥의 노예'가 될 수밖에.

주부의 역할은 1인 다역(多役)이지만 '밥하기'가 그중에서 으뜸일 것이다. 식구(食口), 문자 그대로 '먹는 입'에 밥이 들어가게 하는 일이다. 그것은 가족의 생명을 책임지는 일이다. 하루에 세 끼, 식구들의 입에 밥이 들어가게 하는 것은 무엇보다 주부의 막중한 책임이며 신성한 의무가 아닌가.

사자 같은 동물은 한 번 사냥을 하면 며칠을 먹지 않고도 산다는데, 인간은 한 끼라도 먹지 않으면 큰일이 나는 줄 안다. 인간이 세 끼를 먹게 된 역사도 사실 그리 오래 되지 않았다고 하는데 말이다.

하루에 세 끼를 먹어야 한다는 것은 '밥벌이'를 해야 하는 가장에게는 큰 부담이다. 또 세 끼를 꼬박꼬박 챙겨 밥을 해야 하는 주부에게도 그에 못지않은 부담이다. 이 말이 내 입에서 떨어지기가 무섭게 "벌어다 주는 돈으로 밥하는 것이 무슨 어려운 일이냐?" "나가서 돈 벌어봐라." 하는 비난의 화살이 날아올 게다. 하지만 맞벌이가 대세인 요즘 세상에는 별 설득력이 없다. 아직도 한국 가정에서는 맞벌이든, 외벌이든 밥하는 일은 전적으로 주부의 책임이니.

맞벌이 부부가 함께 퇴근해서 집에 돌아온 다음의 광경을 한 번 그려 보자. 아내는 옷을 갈아입기가 무섭게 부엌으로 달려간다. 남편은 화장실로 들어가 시원하게 씻는다. 그러고는 리모콘을 들고 소파로 가서 벌렁 드러눕는다. 아내는 어쩌다 다음 날 직장에서 회식이라도 있게 되면, 그날 저녁밥은 물론이고 다음날 먹을 것까지 미리 장만하느라 동동거린다. 회식이 끝나고 집에 늦게 돌아오는 날이면 아내는 무슨 죄라도 지은 사람처럼 목소리가 기어들어가는 게 우리네 현실이다.

1년 365일, 세 끼 밥을 하면 1년이면, 1095끼가 된다. 똑같은 그 일을 3, 40년 되풀이하다 보면 힘들고 지겨워 미칠 지경이 되지 않는다면 정상이 아닐지도 모른다. 어느 날 문득 주부라는 직책에 사표를 던지고 밥에서 해방되고 싶은 때가 한두 번이었던가.

'밥벌이'가 '밥하기'보다 쉽고 하찮다는 이야기가 아니다. 밥벌이에는 쉬는 날이 있다. 이제는 주 5일 근무제가 되었으니 1년에 104일의 주말 휴일이 있다. 게다가 월차, 국경일과 명절 휴가에다가 정기 휴가도 있다. 1년 365일 중에 정작 직장에 나가는 날은 240일 정도가 된다. 그러고 보면 연중 3분의 1은 노는 셈이다. 하지만 밥하기에는 쉬는 날이 없다. 주말도 국경일 휴일도 없다. 더구나 명절은 주부에게는 가장 힘든 날이니 말이다.

직장인들은 퇴근 후에 포장마차에 모여앉아 소주잔을 나누며 과중한 업무와 꼴불견 상사를 안주삼아 씹으며 스트레스를 날려버리기도 한다. 그리고 그 직장이 영 적성에 맞지 않는다거나 또 더 나은 곳으로 옮기기 위해서 사표를 내기도 한다.

주부도 사표를 내고 싶은 충동이 불쑥 일어날 때가 없지 않다. 하나, 주부라는 자리는 밥벌이하는 직장처럼 그만 두거나 바꿀 수 있는 것이 아니다. '가족의 생명과 건강이 내 손에 있다'는 거룩한 책무를 생각하면 그것은 함부로 지겨워해서도, 더구나 사임(辭任)을 생각해서는 안 되는 것이다.

만약 내가 만든 음식을 들고 시식 대회에 나간다면 꼴찌를 할지도 모른다. 객관적인 평가야 어떻든 간에 정성껏 만든 음식을 맛있게 먹어주는 식구들이 있기에 주부는 열심히 밥을 한다. 식구들이 맛있게 먹는 모습을 보는 것만으로도 주부는 배가 부르고 행복하다. "누구네 김치도 당신 것만 한 게 없어." 라든가 "우리 엄마 만두집 내면 대박 나겠네."라는 식구들의 찬사에 허리의 통증은 어디로 사라지고 흐뭇하게 미소 짓는 사람이 바로 주부이다.

언젠가 퇴근길 통근 버스에서 노교수가 하신 말씀이 귓전에 맴돈다. "학교 식당에서 먹은 밥은 이상하게 빨리 배가 고프단 말이야." 주부의 사랑과 정성이 담긴 밥과 식당 밥이 어찌 같을 수 있으리. 내 식구를 위해서 밥하는 일만큼 보람 있는 일이 또 있을까. 그처럼 기꺼이 사랑을 주고 감동을 줄 수 있는 일도 이 세상엔 없으리라.

그런데 나는 오늘도 내 남편이 '0식님'이 되기를 바라고 있으니 어찌할꼬.

(2010.)

남편보다 낫다

아파트 뒷산에 올랐다. 초입부터 경사가 꽤 가파른 고개를 올라가려면 숨이 턱에 찬다. 이 깔딱고개를 올라가면 번듯한 평지가 나오는데 평행봉과 여러 가지 운동 기구가 있고 벤치가 놓여 있어서 나는 여기서 일단 쉬고 산행을 계속한다.

그날도 벤치에 앉아 숨을 고루고 있는데 난데없이 조그만 푸들 강아지가 뛰어오더니 마치 달리던 차가 "끽!" 하며 급제동을 걸듯이 갑자기 멈춰 서는 것이었다. 한순간 정지된 동작으로 서 있더니 목을 빼고 앞을 바라보다가 다시 뒤를 돌아보곤 하는 것이었다. 주인을 잃었나 왜 저럴까 하고 있는데 얼마 뒤에 50이 훌쩍 넘었음직한 부인이 올라왔다. 강아지는 이제는 되었다는 듯이 재빨리 앞으로 내달리는 것이었다.

나는 그 부인에게 "강아지가 자식보다 낫네요. 주인이 보이지 않으니까 안절부절못하던데요." 했다. 내 말을 기다리기라도 했다는 듯이 "남편보다 낫지요." 하는 대답이 날아왔다. 무심코 건넨 말이었는데 이런 뜻밖의 반응이 올 줄이야.

그와 나는 마주 바라보며 눈물이 나도록 웃었다. 다른 말이 필요 없었다. 석가모니가 산상 설법 중에 아무 말 없이 꽃 한 송이를 들어 올리니 마하가섭이 미소를 지었다는데, 우리도 그와 같은 '이심전심'을 경험했다고 하면 지나친 말일까.

산길을 걸으며 나는 그의 말을 곱씹고 있었다. 30여 년 동안 결혼 생활을 해온 여자가 남편에 대하여 갖는 느낌을 한마디의 말로 이렇게 표현하다니. 부부라는 이름으로 남녀가 모여 한솥밥을 먹으며 수십 년을 살고 나서 하는 말이 겨우 '강아지가 남편보다 낫다'니. 생각해보면 더없이 허망하고 부끄러운 일이 아닌가.

벌써 여러 해 전 일이다. 농촌의 노인 부부들을 모셔 놓고 이야기를 시키는 TV 프로그램이 있었다. 그분들의 입에서 나오는 말 한마디 한마디가 흙냄새처럼 진솔해서 시청자들의 웃음을 자아내기도 하고 가슴을 짠하게 하기도 했다.

한번은, 할아버지가 카드에 씌인 낱말의 의미를 설명하면 할머니가 그 낱말을 알아맞히는 게임이었다. '천생연분'을 할아버지가 설명했다. 할머니는 오래 함께 산 부부를 뜻한다는 것을 알아채고는 대답했다. "웬수". 녹화장의 관중들은 박장대소를 해댔다. 할아버지가 네 글자라고 손가락 넷을 치켜들고 다시 설명을 하자 이번에는 "평생 웬수"였다.

수십 년 고락을 같이하며 '검은 머리 파뿌리 되도록' 함께 살아온 부부인데 그 한 쪽의 입에서 '웬수'라는 말이 나오다니. 부부라는 이름으로 함께 살아온 세월이 할머니에게는 얼마나 끔찍했으면 천생연분이라고 알아야 할 관계를 원수로 생각하게 된 것일까. 물론 '웬수'라는 말을 문자 그대로 알아듣는 단순하고 순진한 사람도 없으리라. 하지만 애증(愛憎)이 찐득하게 녹아 붙어 있는 그 말이 입 밖으로 튀어나올 수밖에 없는 할머니의 속내를 헤아려 봄직하지 않은가.

'레이디 퍼스트'의 땅에서 신혼 생활을 한 우리 부부였기에 내 남편은 적어도 여성에 대한 작은 배려쯤은 체질화된 남성으로 알고 있었다. 그러나 강산이 변한다는 세월이 지나고 귀국하자 그는 하루아침에 전형적인 한국 남편으로 돌변하는 것이었다. 아무리 오래 외국에서 살았더라도 한국 남성은 "김포공항에 내리는 순간에 한국 남자가 된다."고 하던 어떤 이의 말 그대로였다.

아내들이 남편에게서 바라는 것은 완력이나 시간이 많이 드는 어려운 일이거나 희생정신이나 봉사정신이 요구되는 거창한 것들은 결코 아니다. 기껏해야 아내의 입장을 배려하는 작은 마음씀과 따듯한 말 한마디, 또 가볍게 등을 토닥여주는 것 같은 그저 그런 것들이다.

명절이라든가 어른들의 생신 잔치 같은 때 하루 종일 일에서 헤어나지 못하는 아내에게 빈말이라도 "힘들지? 뭐 도와줄 거 없어?"라든가 또는 행사가 끝난 후에 아내의 등을 감싸 안으며 "애 많이 썼어. 내가 설거질 도와줄 테니 좀 쉬어." 이런 사소한 말 한마디에 감동하는 사람이 아내이다.

아기를 낳고 백일이 되기까지 아기 엄마들은 보통 '잠 한 번 실컷 자보는 게 소원'이다. 새벽 2시에 아기 울음소리에 깨어나서 떠지지 않는 눈을 비비며 일어나는 아내에게 "내일은 일요일이니까 오늘밤은 내가 할게, 당신은 마음 놓고 자."라고 남편이 말한다면 아내는 그만 목이 메일 것이다.

사실 너무 가까운 관계이기에 무심하게 사는 게 부부인지도 모른다. 그런데 부부처럼 격의 없는 사이에서는 큰일보다는 사소한 일에서 감동하기도 하고 마음이 상하기도 한다. 그리고 그 작은 상처들이 쌓이면 고치기 어려운 병이 되기도 하지 않는가.

작은 배려 하나가 특히 아내처럼 아주 가까운 사람에게는 커다란 감동이 될 수도 있다는 것을 남성들이 깨닫기만 한다면, '강아지가 남편보다 낫다.'는 불명예스러운 평판으로부터 쉽게 벗어날 수 있지 않을까.

(2004)

중공군과 쌀자루

대문을 두드리는 소리가 들렸다. 몸이 얼어붙는 것 같았다. 1·4후퇴로 모두들 피란을 나가고 텅 비다시피 한 서울에서 우리를 찾아올 사람은 아무도 없는데. 막다른 골목 속의 이 작은 집에 우리가 산다는 것을 누가 안다는 말인가. 엄마는 뜨개질하던 손놀림을 멈추고 입에 손가락을 갖다 대며 우리에게 조용히 하라는 시늉을 하셨다. 막내도 겁에 질려 엄마 곁으로 다가갔다.

다시 문을 세차게 두드리는 소리가 들렸다. 아무런 기척이 없자 이번에는 대문을 흔들어대는 것이었다. 그리고 알아들을 수 없는 말소리가 들렸다. 어머니는 벌떡 일어서더니 “안 되겠다. 문을 열어야지.” 하며 밖으로 나가셨다. 나도 어머니 뒤로 따라 나갔다. 대문의 빗장을 빼자 문짝이 벌컥 젖혀지면서 두꺼운 누비옷을 입은 중공군 두 명이 중문간 안으로 성큼 들어섰다.

그들은 다짜고짜 부엌으로 들어갔다. 솥이며 냄비, 항아리의 뚜껑을 낱낱이 열어보더니 그냥 나왔다. 그러고는 여기저기 둘러보다가 찬마루에 놓여 있는 항아리에 그들의 시선이 멈추었다. 내 시선도 거기서 멈췄다. '우리는 굶어 죽겠구나. 쌀이라고는 항아리에 있는 것이 전부인데.' 나는 숨이 막힐 것만 같았다.

한 명이 신발을 신은 채 찬마루 위로 성큼성큼 올라갔다. 가슴이 오그라드는 것만 같았다. 그는 쌀 항아리 뚜껑을 열고 들여다보더니 그냥 뚜껑을 닫는 것이 아닌가. 영문을 알 수가 없었다. 그러고는 옆에 있는 항아리를 열어 보더니 들고 온 자루를 벌리고 항아리째 거꾸로 들어붓는 것이었다. 나는 안도의 숨을 길게 내쉬었다. 사실 항아리의 밀가루는 그리 많지 않았다. 댓돌 위에 서 있던 중공군이 들고 있던 자그마한 자루를 찬마루에 휙 던져 놓고는 둘이서 무어라 지껄이며 나가는 것이었다.

나는 얼른 찬마루로 올라가서 자루를 열었다. 쌀이었다. 밀가루 대신에 쌀을 놓고 간 것이었다. 밀가루보다 조금 적은 듯한 쌀이었다. 나는 놀란 가슴을 쓸어내리면서도 머릿속에서는 빠른 셈을 하고 있었다. 밀가루와 비슷한 양의 쌀이라면 수지맞은 것이 아닌가. 모자에서부터 신발까지 모두 두껍게 솜을 두어 누빈 누리끼리한 군복을 입은 중공군이 꼭 곰처럼 미련해 보이고 무섭기만 했는데, 그들이 쌀을 주고 가다니.

어린 나에게 사실 중공군은 인민군보다 더 두렵고 증오스러운 존재였다. '인해전술(人海戰術)'이란 것으로 그들이 인민군과 함께 남으로 밀고 내려오지만 않았더라면 우리나라는 통일이 되었을 것이 아닌가. 그러면 인민군에게 끌려가신 아버지와 북으로 간 언니도 다시 만날 수 있을 터이고 한겨울에 이런 고생은 하지 않았을 터인데. 더구나 전쟁터에서 피리를 불고 꽹과리를 치며 내려왔다는 사실이 내게는 무척이나 기이하게 생각되었고 그래서 그들이 더욱 괴기스럽게 느껴졌다.

어머니는 그들이 얼마나 밀가루 음식이 먹고 싶었으면 얼마 안 되는 밀가루를 쌀과 바꿔 갔겠느냐고 하시면서, 아마 그들은 밥을 먹는 남쪽 사람들이 아니고 빵을 먹는 북쪽 사람들인 모양이라고 하셨다. 그들도 남의 집 귀한 아들인데 이 추위에 낯선 나라에 와서 고생하는 것을 안쓰러워 하셨다. 그러고는 "너의 오빠는 어디서 어떻게 지내고 있는지." 하며 한숨을 쉬셨다. 어머니에게는 앳된 중공군들이 국민병으로 소집되어 나간 17살밖에 안 된 내 오빠와 같아 보인 것이었다.

무서워 보이기만 하던 중공군들이 오빠와 다름없는 앳된 청년이라는 사실을 알게 된 것은 내게는 충격이었다. 그들이 착한 사람들이라는 생각을 떨쳐버릴 수가 없는 한편, 적에 대해 고마운 마음을 갖는 것이 옳은 일인가 하는 의문으로 나는 갈등하지 않을 수 없었다.

전쟁이 끝나고 오래 된 후에도 어머니는 가끔 그때 일을 이야기하시곤 했었다. 한 핏줄을 나눈 형제들이 서로에게 총부리를 들이 대던 전쟁의 마당에서, 적군에게서 따듯한 마음을 발견한 것은 참으로 가슴 흐뭇하고 아름다운 일이었다고.

전쟁이 끝난 후에 온갖 범죄들이 신문에 보도되면, 학교에서 친구들 사이에서 인간의 본성에 대해서 논쟁이 벌어지기 일쑤였다. 그럴 때면 나는 쌀을 놓고 간 중공군을 떠올리곤 했다. 적에게서 인간의 선한 본성을 보았다고 나는 믿고 있었다. 인간이 알몸으로 이 세상에 태어날 때 그 여린 생명 속에 악이라는 것이 내재되어 있지는 않으리라. 물들이지 않은 무색(無色)의 헝겊이 푸른 물감에 들어가면 푸른 물이 들고 검은 물감에 들어가면 검은 물이 들게 마련이 아닌가. 티 없는 작은 생명이 세파에 부대끼면서 그가 몸담고 있는 세상에 물들게 되는 것이 아닐까, 나는 생각했다.

옛날에 먹던 음식이 생각나서 수제비를 해 먹으려고 밀가루 반죽을 만들다 보면 문득 몹시 추웠던 그 겨울의 중공군이 떠오를 때가 있다. 차마 빼앗아가지는 못하고 밀가루 대신에 쌀자루를 놓고 간 그 마음이 아직도 내 가슴 한 구석을 훈훈하게 한다.

(2002.)

양말을 깁던 날

면양말을 또 몇 켤레 샀다. 나일론 양말이 보급된 후로는 양말을 자주 살 필요가 없었는데, 요즘은 심심치 않게 사들인다. 오랫동안 외면했던 무명 양말을, 자연 섬유가 건강에 좋다는 이유로 다시 신기 시작한 것도 벌써 한참 된 일이다. 요즘 면사는 예전 것과는 비교가 안 되게 질이 좋아져서 순면 양말도 상당히 질긴 편이지만 무명은 어디까지나 무명인지라 구멍이 가끔 난다.

나일론 양말이 등장한 후로는 양말이 뚫어진다는 사실을 거의 잊다시피 하고 살았는데 얼마 신지 않은 면양말에 구멍이 난 것을 처음 발견했을 때 마치 짓궂던 옛 친구를 다시 만난 것 같았다. 놀라우면서도 반갑다고 하기엔 어쩐지 어색한, 그러나 예전처럼 아주 밉지는 않은 그런 야릇한 기분이라고나 할까. 양말이 해진다는 사실을 새삼스레 깨달은 것처럼 나는 구멍에 손가락을 넣어보았다. 그러고는 옛 습관대로 바늘과 실을 꺼내 들고 구멍을 메우기 시작했다. 그러다가 문득 양말 한 켤레 값이 얼마나 된다고 하는 생각이 들어 그만 바늘을 놓아버리고 말았다.

1950년대 중반까지만 해도 날씨가 싸늘해지기 시작하면 어머니는 양말 깁기와 뜨개질로 저녁 시간을 보내셨다. 그때는 TV 드라마를 보며 할 일 없이 저녁 시간을 보낸다는 것은 꿈에라도 상상할 수 없던 시절이었다. 여섯이나 되는 아이들이 신어야 할 양말을 기워대는 일은 예삿일이 아니었다. 그뿐인가, 그 많은 식구들이 입을 스웨터를 짜고 또 낡은 스웨터를 푼 털실을 겹쳐서 양말이며 덧버선 따위를 짜는 일까지 어머니의 손은 저녁에도 쉴 틈이 없었다.

그 시절 무명실로 짠 양말은 새것도 운이 나쁘면 그날로 구멍이 났다. 못쓰게 된 전구를 양말 속에 넣어 구멍이 난 뒤축에 끼어 볼록 나오게 한 다음 망을.짜듯이 가로 세로로 실을 엮어 가며 메우는 일은 시간을 잡아먹는 정교한 작업이다. 그렇게 두어 번 기워 신고 나면 뒤꿈치나 뒤축에 계란만한 구멍이 나버린다. 그러면 더 이상 실로 기울 수 없는 지경이 된다. 이번에는 못 신게 된 양말의 잔등 부분에서 구멍보다 크게 잘라낸 쪼가리를 대고 기웠다. 어떤 때는 새 양말에 미리 천 쪼가리를 덧대어 신었는데 그렇게 해도 2, 3일을 견디기 어려웠다.

그 시절 대학생이었던 큰언니는 모양을 낼 때는 실크스타킹을 신었는데 어디 슬쩍 스치기만 해도 올이 풀려 쫙 줄이 나가기 일쑤였다. '전선(電線)'이라고 불렸던 풀어진 올을 언니가 하나하나

웍던 일이 생각난다. 실크스타킹의 값이 만만치 않았으니 풀어진 올을 꿰매주는 전문 수선점도 있었다는 사실을 요즘 젊은이들이 믿기나 할까? 아마도 찰리 채플린의 무성 영화에 나오는 장면쯤으로 생각할지도 모를 일이다.

기우는 일만큼이나 겨울에 양말을 빨아 말리는 일도 무척 어려운 일이었다. 빨아 넌 양말은 마르기는커녕 빨랫줄에서 동태처럼 뻣뻣하게 얼어버리니, 부뚜막이나 아랫목에서 녹여가며 말려야 했다.

고등학교에 간 후로는 내 양말은 내가 기워 신었다. 아침에 양말을 신다가 전날 저녁에 미처 보지 못했던 구멍을 발견하게 되면 그만 엉엉 울어버리고 싶었다. 어떤 때는 친구네 집에 놀러가서 신발을 벗고 마루에 올라서려는데 발가락이 마치 나를 쳐다보는 듯이 머리를 쏙 내밀고 있으면 신발을 다시 꿰신고 달려 나가고 싶기도 했다.

내가 고등학교 2학년이던 1954년을 잊을 수가 없다. 그해 초겨울에 나는 첫 '나일론 양말'을 샀다. 아마 면 양말 대여섯 켤레 값보다 더 비쌌을지도 모르는 그 양말의 색과 무늬까지 나는 아직도 생생하게 기억하고 있다. 그 양말은 겨우내 신어도 구멍이 나지 않았다. 정말 신기했다. 신어도 신어도 구멍이 나지 않는 요술 양말이었다.

석탄, 물, 공기로 만들어진 거미줄보다 가늘고 실크보다 아름답고 강철보다 강한 섬유. 이 세상에 그런 거짓말 같은 섬유가 있을 수 있을까? 1938년에 미국의 섬유회사 듀퐁이 발명한 나일론이 바로 그것이었다.

명주를 대신하여 만들었다는 나일론은 얇고 가벼울 뿐 아니라 여러 번 빨아도 늘 새것 같았다. 게다가 빨래하기 쉽고 빨리 마를 뿐더러 구김이 가지 않아 다림질이 필요 없는 옷감. 그리고 질겨서 오래 입을 수 있는 나일론은 섬유의 혁명일 뿐 아니라 무엇보다도 여성의 가사 노동을 덜어주는 놀라운 발명품이었다. 나일론 양말이 보급되면서 우리 어머니들은 그 지긋지긋한 구멍과의 싸움, 양말 깁는 일에서 해방되었다.

"2차 대전 후에 질겨진 것은 양말과 여자뿐이다."라는 말이 한때 사람들 입에 회자되었다. 사실 여성들은 강해졌을 뿐만 아니라, 가사 노동을 덜어주는 문명의 이기(利器) 덕분에 여가(餘暇)까지 얻게 되었다. 하지만 세상에 공짜는 없다더니 그 대가(代價)가 이토록 가혹할 줄이야 누가 알았으리. 자녀를 다 키운 중년 부인들이 우울증을 걱정하는 세상이 오리라는 것을.

전등불 밑에서 어머니와 마주 앉아 도란도란 이야기를 나누며 양말을 깁던 일이 흑백 영화의 한 장면처럼 떠오른다. 요즘도 한국의 어머니들이 저녁에 남편과 아이들의 양말을 기워야 한다면, 적어도 주부의 우울증 같은 것은 없을 게 아닌가.

(2006.)

전업 주부가 꿈이라고?

여대생들의 꿈이 전업 주부라고 한다면 어느 나라 이야기일까? 아마도 여인들이 검은 차도르를 쓰고 눈만 빠끔히 내놓고 다니는 중동 어느 나라의 일이 아니냐고 생각할지도 모른다. 그러나 세계에서 가장 선진국이라는 미국의 이야기라고 한다면 믿을 사람이 있을까.

믿거나 말거나, 그것은 얼마 전에 뉴욕타임스에 보도된 미국의 명문대 여학생들의 이야기이다. 나는 그 기사를 읽으면서 세상은 돌고 돈다는 생각을 하지 않을 수 없었다. 여성들이 가정이라는 울타리를 벗어나 남성들과 어깨를 겨루며 활동을 하게 되기까지 가정 안에서나 밖에서 얼마나 힘겨운 투쟁을 해왔던가. 게다가 그들이 그것을 쟁취한 것이 얼마나 되었다고 다시 전업 주부로 돌아가기를 바라는 것일까.

2~30년 전만 해도 미국 여대생들의 꿈은 오늘날 우리 여대생

들의 것과 마찬가지였다. 그 시절 미국 어머니들도 오늘날의 우리 어머니들처럼 딸들이 직업여성으로 성공하기를 바랐다. 그런데 그들의 딸 세대에 와서는 반대 현상이 일어나고 있다고 한다.

21세기의 문턱을 막 넘어선 지금, 여성 CEO가 되기를 꿈꿔 왔던 미국의 아이비리그 여대생들이 그 꿈을 포기하겠다는 결심을 한다니 믿기 어려운 일이다. 그리고 그 수가 날로 증가하고 있다는데, 도대체 무엇이 그 꿈을 버리게 하는 건지 몹시 궁금하지 않을 수 없다.

알고 보니 그 이유는 의외로 간단하다. 훌륭한 엄마 노릇 하나만 하기도 어려운데, 성공적인 직장 여성까지 될 수는 없기 때문이라고. 같은 여성으로서 나는 그들이 그런 선택을 하지 않을 수 없다는 사실이 여간 안타까운 게 아니다. 그러나 한편으로는 그들에게 박수를 보내고 싶은 것이 또 내 솔직한 심정이다. 훌륭한 엄마와 여성 CEO라는 두 마리 토끼를 동시에 잡으려는 생각이 지나친 욕심이라는 것을 이제야 그들이 깨달았으니 말이다.

따지고 보면 주부란 생각보다 무척 힘든 역할이다. 가정이라는 소공동체 안에서 주부의 역할은 일인다역(一人多役)이다. 그중에서도 가장 중요한 것은 자녀 양육이다. 중요할 뿐 아니라 어느 무엇보다도 가장 힘들고 어려운 일이다. 아이들은 사랑과 관심을 먹고 자라는 존재라서 엄마와 아빠가 온 힘을 다해 정성을 들여도 성공할까 말까 하는 일이 육아이니 말이다.

미국에 사는 내 조카며느리는 소아과 전문의인데 첫아이를 낳고는 전업 주부가 되었다. 그녀의 그런 결심에 나는 몹시 놀랐다. 전문의라는 직업을 접고 전업 주부가 되기로 결심하기까지 얼마나 고심을 했을까 생각하자 오래전의 나 자신이 떠오르는 것이었다.

외국 땅에 살면서 내가 마치 무인도에 표류한 사람 같다는 생각을 가끔 했었다. 그런데 아기의 출산은 나를 거기서 구해주었다. 아기를 키우는 일은 고되지만 하루가 다르게 자라는 모습을 지켜보는 것은 경이로움이며 행복이었다. 그러면서도 어딘가 마음 한 구석에 알 수 없는 아쉬움 같은 것이 도사리고 있는 것을 깨닫고는 흠칫 놀라곤 했다. 어렵게 이룬 내 고급 교육이 사장되고 있다는 안타까움이었다.

귀국한 직후 출강 요청을 받았지만 나는 선뜻 받아들일 수가 없었다. 이웃에서 매일 아침 들려오는 아이의 울음소리 때문이었다. 출근하는 엄마의 치맛자락을 움켜쥐고 "엄마, 가지마."를 외치며 동네가 떠나가게 울어대는 아이를 바라보며 차마 그렇게 아이를 떼어놓고 나가 마음 편하게 일할 자신이 없었다. 게다가 아이를 믿고 맡길 수 있는 사람을 구하는 것이 가장 어려운 일이었다.

이제 미국의 지식인 여성들은 아이들이 하루하루 자라는 모습을 지켜보며 그들과 더불어 기쁨과 어려움을 함께 나누는 것이 가정 밖에서의 성취보다 더 보람 있다고 생각하게 된 것이다. 그리고 거기서 행복을 찾고 있는 것이다. 조카며느리는 얼마 전에 셋째 아이를 낳아 지금 아이 키우는 재미에 푹 빠져 있다. 막내가 학교에 다니게 되면 그때부터 다시 일을 시작하겠다는 계획이다.

20세기 초의 신여성들은 오랜 가부장적 남성의 억압에서 벗어나기 위해 여성의 축복받은 권리와 막중한 임무를 버리고 가정이라는 굴레에서 뛰쳐나가지 않을 수 없었다. 가정 밖에서 활동한 초창기의 여성들에게 직업은 경제 활동이기보다는 스스로 남성으로부터 해방되고 자아를 실현하는 길이었다.

고급 인력이 육아에 투입되는 것은 고급 두뇌가 사장되는 것이라고 사람들은 생각한다. 그러나 시각을 바꿔 보자. 육아는 사람을 만드는 일이다. 사실 그 일보다 더 중요하고 가치 있는 일이 어디 있겠는가. 나무를 튼실하게 키워서 좋은 목재를 만들 듯이 아이들을 올곧게 키워 훌륭한 인재를 만드는 일이야말로 엄마의 고급 두뇌가 쓰여야 할 곳이 아닐까.

전업으로 해도 쉽지 않은 주부의 일을 부업으로 하고 있는 맞벌이 여성들의 삶, 특히 한국의 경우에 그들의 삶은 대단히 고달프다. 전업 주부를 꿈꿀 수 있는 것은 우선 경제력이 뒷받침되어야 하는 일이다. 그리고 육아로 쉬고 있던 고급 여성 인력을 수용하는 제도가 마련되어야 한다. 그러고 보면 우리 현실에서는 자발적 전업 주부란 아직은 먼 나라에서나 있을 수 있는 사치스러운 꿈일지도 모른다.

전업 주부가 내 개인적 주장이라면 구닥다리의 시대착오적 발상이라는 비난의 화살을 피할 수 없으리라. 하지만 여성 CEO를 꿈꾸던 미국의 엘리트 여대생들의 생각이라니 우리 여대생들도 한번쯤 곱씹어 봐야 하지 않을까.

(2006.)

프리지어를 안은 여인

음력 선달 그믐날, 설날 차례를 준비하기 위해 미리 장을 보긴 했지만 빠진 것이 있어서 몇 가지를 사 들고 셔틀버스에 올랐다. 차 안은 벌써 사람들로 꽉 찼는데 요행히 맨 뒤에 빈자리가 하나 눈에 띄었다. 앉고 보니 옆자리에 내 나이쯤 된 부인이 프리지어를 한 아름 안고 있었다.

햇병아리의 솜털처럼 여린 노란색 꽃이 성급하게 봄소식을 알려주는 것 같아 "꽃이 참 예쁘네요." 하고 말을 걸었다. 그랬더니 "내일 남편 산소에 가지고 가려구요. 예쁘죠?" 하고 묻지도 않은 이야기를 꺼내 놓았다. "가을에 세상을 떠났거든요." 순간 가슴이 찌릿해 왔다. 가을이라면 아직 반년도 채 되지 않았는데, 공연히 남의 아픈 상처를 건드린 것만 같아 후회가 되었다. "자주 가지도 못하는데 오래 가라고." 그의 다음 말이 귓전을 파고들었다. 아니 그러면 봄 향기가 코를 간질인다고 느꼈던 이 꽃이 조화(造花)란 말인가. 나는 떨떠름하게 “꼭 생화 같네요.”라고 대답하고 말았다. 더 말을 하고 싶어 하는 듯한 부인을 두고 버스를 내리게 된 것에 미안스러운 마음마저 들었다.

얼마나 말을 나누고 싶었으면 처음 보는 낯선 사람에게 자신의 아픈 이야기를 꺼냈을까. 그믐날만 아니라면 어디 찻집에라도 들어가 이야기를 나눌 수 있으련만. 노경에 접어들어 배우자를 잃은 그의 외로움이 남의 일 같지 않은 아픔으로 다가왔다.

어느 해 가족 묘지에 갔을 때, 가까운 무덤에 꽂힌 하얀 백합이 눈에 들어왔다. 마치 갓 피어난 듯 싱싱한 것이 가족들이 놓고 간 지 얼마 되지 않은 것 같았다. 그러나 가까이 다가가 들여다보다가 나는 순간 실망스러운 마음이 들었다. 생화가 아닌 조화였기 때문이다.

그러고 나서 새삼 주위를 둘러보니 이곳저곳 무덤 앞의 돌 화병에 꽂혀 있는 꽃들은 대부분이 조화였다. 그것들은 햇빛과 비바람으로 허옇게 바랜 채 먼지를 뒤집어쓰고 있었다. 그 조화들은 살아 있는 사람들의 고인에 대한 애정과 관심이 빛이 바랬음을 말해주고 있는 것만 같아 서글픈 생각마저 들었다. 묘지 입구에서 사가지고 온 값싼 조화가 ‘죽음을 넘어서서 이어지는 사랑의 표시’가 될 수 있을까. 사랑하는 사람을 땅에 묻은 지 얼마 되지 않은 사람이, 아직도 슬픔이 가슴 가득 울렁이고 있는 이가, 어찌 차마 조화를 꽂아 놓고 돌아설 수 있을까. 차라리 극성스레 돋아나는 잡초

일망정 생명력이 왕성한 푸른 풀에게나 파란 하늘에 여유롭게 떠가는 구름에게, 아니면 풀잎을 스치는 바람에게 무덤을 지켜 달라고 부탁하는 편이 더 좋지 않을까 생각했었다.

그런데 오늘 노란 프리지어를 안고 있던 그 부인의 말을 떠올리며 조화에 대한 내 거부감이 점차 사그라지는 느낌이었다. 며칠 전에 입춘이 지나기는 했지만 어둠이 내리면 한겨울 추위인데, 무덤 앞에서 꽁꽁 얼어버릴 생화를 어찌 갖다 놓겠는가. 비록 조화라 하더라도 여러 날 아름다운 모습으로 남편의 무덤을 지키게 하고 싶은 그녀의 마음이 싸하게 내 가슴으로 다가왔다.

나는 장바구니를 들고 무거운 발걸음을 옮겨 놓으며 문득 친척 아저씨의 일이 떠올랐다. 그분은 부인이 뇌출혈로 갑자기 세상을 떠날 때까지 여자 문제로 속을 무척이나 썩여 드렸다. 그런데 부인이 돌아가시자 아내의 묘지에 쏟는 정성이 대단했다. 커다란 비석뿐 아니라 값비싼 석물을 세우고, 주말이면 자식들을 앞세우고 가서 산소를 가꾸고 시들 새도 없이 생화를 갈아 놓고 오는 것을 지켜보면서, 나는 그런 그의 행동이 진심에서 우러나온 것일까 하는 의문을 지울 수 없었다. 죄책감과 회한에서 우러난 고인에 대한 속죄의 행위라기보다는 자식들에게 보이기 위한 가식(假飾)의 몸짓으로만 비쳐졌다. 그는 결국 자녀들의 반대를 무릅쓰고 그동안 관계를 맺고 있었던 여인과 재혼을 하고 말았으니.

잘 가꾸어진 무덤 앞에 놓인 생화만이 망자(亡者)에 대한 사랑의 표시라고 말할 수는 없으리라. 생화이든 조화이든 그것은 한낱 가시적인 사물에 불과하지 않은가. 무덤 앞의 꽃이 생화면 어떻고 조화면 어떠랴. 아니, 단지 그 앞에 들꽃 몇 송이가 피어 있으면 또 어떠랴.

노란 프리지어 조화가 남편의 무덤을 오래오래 지켜주기를 바라는 그의 마음이 꽃보다 아름답게 느껴지는 것은, '가식'이 아닌 '진심'이기 때문이 아닐까.

(2005.)

야속해

이른 아침 요란한 전화 소리에 소스라쳐 눈을 떴다. 조카의 가라앉은 목소리가 전화선을 타고 들려왔다. “이모, 아버지가 새벽에 돌아가셨어요.”

세상에 어떻게 이런 일이! 어젯밤에 아무 탈 없이 잠자리에 드신 형부가 다시 깨어나지 못하셨다니. 삶과 죽음의 경계가 무엇일까. 오늘 살아 있다고 해서 내일도 살아 있다고 말할 수 있을까.

영안실에 들어서면서 “언니, 이게 도대체 무슨 일이야.” 하며 입을 떼는 내 손을 잡으며 언니는 “야속해, 말 한마디 없이 그렇게 갈 수가 있니?” 하는 것이었다. 너무도 뜻밖의 말에 나는 그만 할 말을 잃어버리고 말았다.

남편을 먼저 보낸 여인들이 먼저 떠난 사람을 야속해하는 심정을 이해하지 못하는 것은 아니지만, 밤사이에 운명하신 형부에 대해서 야속하다는 말은 어쩐지 적절하지 않게 느껴졌다.

언니가 아침에 눈을 떠보니 형부가 곁에 누워 계시더라고 했다. 초저녁부터 잠자리에 들어 다섯 시가 되기 전에 어김없이 일어나는 분인데, 여섯 시가 지나도록 주무시기에 몸이 불편한가 하고 머리를 만져 보니 이미 싸늘하더라고 했다. 언니는 그런 형부의 죽음이 실감이 나지 않는지 눈물도 보이지 않고 그저 덤덤한 표정을 짓고 있었다.

집에 돌아와서도, 야속하다고 몇 번을 되뇌던 언니의 말이 머릿속에서 맴을 돌았다. 형부가 운명하시는 것도 모르고 잠이 들어 있었던 자신에 대해서 자책하는 말이 나와야 옳지 않은가. 아니면, 형부의 갑작스런 죽음을 애통해하거나 가슴 저미는 연민의 정을 나타내야 할 것만 같았다.

그때 마침 몇 년 전에 암으로 남편을 잃은 친구에게서 전화가 걸려 왔다. 나는 형부가 갑자기 돌아가셨다는 말을 하면서 언니가 몇 번이나 야속하다고 하던데 그렇게 말하는 언니의 마음을 이해할 수가 없다고 했다. 그런데 뜻밖에도 친구는 "그래, 야속하지. 이별을 준비할 시간을 가져야 하는 건데. 그렇게 갑작스레 가셨으니 얼마나 야속하시겠니?" 하는 것이었다.

바로 그거였다. 곁에서 잠자는 사람도 모르게 가버린 형부가 언니는 원망스러웠던 것이다. 무엇이 그리도 급하기에 그렇게 서둘러 가야만 했을까. 하다못해 몸부림이라도 한 번 칠 것이지. 부부라는 인연으로 50년 가까이 살다가 영영 헤어지는 길에 작별의 말 한마디 남기지 않고 떠나다니. 그런 생각을 하며 언니는 형부가 야속하다고 한 것은 아닐까.

나는 지금껏 날벼락을 맞듯이 하루아침에 사랑하는 사람을 잃고 망연자실하는 이들의 충격과 허탈감에 대해서는 깊이 생각해 본 적이 없다. 형부가 고통 없이 가신 것이 다행이라는 생각만 하고 있었다. 두려움이나 고통의 과정 없이 이 세상을 떠나고 싶다는 이기심만이 앞섰기에 남은 사람의 자리에서 생각해보지 못했던 것이다.

노년에 아무 탈 없이 잠자리에 들었다가 세상을 뜨는 것을 우리 조상들은 고종명(考終命)이라 하여 오복의 하나로 쳤다. 다시는 돌아올 수 없는 길, 죽음이란 것에 대한 두려움, 이 세상 모든 것을 고스란히 두고 떠난다는 아쉬움과 서운함, 사랑하는 이들과의 가슴 아픈 이별, 이런 것들과 맞닥뜨리지 않고 잠결에 가는 것을 나는 행운이라고 생각했었다. 어차피 죽음이란 영원히 잠드는 것이 아닌가.

야속해하는 언니를 바라보며, 긴 세월 이승에서의 삶을 마감하는 길에는 떠날 준비를 위한 최소한의 시간이 반드시 있어야겠다는 생각을 하게 된다. 집을 며칠 비울 때에도 집안을 정리하고 이웃에게 잘 봐 달라고 부탁을 하는데, 오랜 세월 몸담고 살던 이승을 영영 떠나는 길에 준비할 시간이 없어서야 되겠는가. 또한 보내는 이들에게도 가는 사람만큼의 마음의 준비가 필요하리라.

"이 세상에 죽는다는 사실만큼 확실한 것은 없다. 그런데 사람들은 겨우살이는 준비하면서도 죽음은 준비하지 않는다."는 톨스토이의 말이 생각난다. 물론 누구도 죽음을 피할 수 없다는 사실을 우리는 잘 알고 있다. 하지만 내 죽음은 아직 멀리 있다고 믿기에 준비를 미루고 사는지도 모른다. 곁에 있는 사람들과 눈을 맞추고 진정으로 하고 싶은 이야기, 가슴속에 담아둔 이야기를 나눌 틈도 없이 일상적인 말만 입에 올리며 하루하루를 다람쥐 쳇바퀴 돌리듯 하며 사는 게 우리네 삶이다.

언제 내게 닥쳐올지 모르는 죽음을 위해 긴 여행을 준비하듯 미리미리 준비를 해두어야 하지 않을까. '나중에', '좀 더 있다가' 하는 생각은 접어 두고 감사도, 사랑도, 화해도 미루지 말아야겠다. 고맙다는 말, 사랑한다는 말 한마디를 오늘 이 자리에서 하는 것이 무엇보다 중요한 준비가 아닐까 싶다.

만약 형부가 자신의 갑작스런 죽음을 미리 아셨더라면 언니에게 어떤 말을 하셨을까. "당신을 만나서 행복했소."라든가 "그동안 고마웠소."라는 말 한마디라도 남기고 떠나셨다면 언니가 그토록 야속해하시지는 않을 것만 같다.

언제 떠나게 될지 아무도 모르는 마지막 여행을 위한 준비는 아무리 이르다 하더라도 나쁘지는 않으리라.

(2004.)

불로문(不老門)

지하철 3호선의 경복궁역에서 국립중앙박물관으로 나가노라면 '불로문(不老門)'을 만나게 된다. 불로문이란 본래 임금의 만수무강을 염원하여 세운 돌문이라고 하는데, 물론 거기에 있는 것은 화강암으로 만든 복제품이다. 그러나 그 불로문을 볼 때마다 장식 하나 없는 간결하면서도 부드러운 선이 단순미의 백미(白眉)라는 생각이 든다.

그곳을 지날 때면 나는 "이왕이면…" 하며 짐짓 그 돌문을 통과하면서 욕심쟁이 노인이 불로의 샘물을 너무 많이 마셔서 아기가 되었다는 옛이야기를 떠올리곤 한다. 그리고 이 문으로 수천 번 드나들다 보면 나도 그렇게 되지는 않을까 하는 치기(稚氣) 어린 생각에 빙긋이 미소 짓기도 한다.

앞으로는 인간이 150세까지 살 수 있다는 신문 기사를 읽은 적이 있는데 21세기가 다 가기 전에 인간의 불로장생이라는 꿈이 실현될 수 있을까. 하지만, 우리 할머니 시절이나 오늘날이나 다를 바 없이 40고개를 넘어서면 반갑지 않은 손님이 먼저 알고 찾아오니 그럴 것 같지도 않다. 귀밑에는 흰 터럭이 잡초처럼 돋아나고 가까이 들고 읽던 신문을 자신도 모르게 팔을 쭉 뻗고 읽게 되니 말이다. 수명이 길어지면 노쇠 현상도 그만큼 늦게 와야 하는 것이 이치이거늘. 결국 오래 산다는 것은 젊음이 연장되는 것이 아니라 백발을 이고 사는 세월이 길어지는 것뿐이니 씁쓸하기만 하다.

언제부터인지 젊은이들이 자꾸 눈에 띄기 시작했다. 그리고 젊으면 무조건 아름다워 보이는 것이다. 미추(美醜)를 떠나 싱싱하고 풋풋한 모습이 그저 좋아 보인다. 젊음 그 자체가 아름다움으로 보이는 것은 내가 늙었다는 증거라는 것을 깨닫게 되기까지는 적지 않은 시간이 걸렸다.

전철이나 버스에서 처음으로 젊은이가 자리를 내어주며 앉으라고 권했을 때 고맙기보다는 당황하여 기분마저 언짢았던 것은 나만의 경험은 아니리라. 아직 자신이 늙었다는 사실을 미처 의식하지 못하고 살고 있는데, 어느 날 타인이 내가 늙었음을 깨우쳐주는 셈이기 때문이다.

늙음은 반가운 손님은 물론 아니지만 죽음과는 달리 예고도 없이 어느 날 불쑥 찾아오는 무례한 손님이 아니라서 다행이다. 어차피 피할 수 없는 손님이라면 여유 있게 그리고 반갑게 맞이하는 게 바람직하지 않을까.

사실 '노인'이라는 듣기 싫은 호칭도 누구나 다 얻을 수 있는 것은 아니니까. 그것은 불의의 사고라든가 병마의 덫에 걸리지 않고 어렵게 살아남은 사람들만이 긴 세월을 살아낸 공로로 얻는 훈장이 아닌가. 비록 싱싱함은 잃었다 하더라도 젊음의 풋내 대신에 무엇이 쓰고 어느 것이 향기로운지를 아는 원숙한 경지는 노년이 되어야만 누릴 수 있는 특권이리라. 벼랑 위에 외로이 서 있는 노송을 보라. 모진 풍상을 겪으면서도 단단한 바위틈에 깊이 뿌리를 박고 꿋꿋이 서 있는 늙은 소나무의 아름다움을 어린 소나무에 비할 것인가. 숱한 고난의 세월이 나무를 굽고 뒤틀리게 만들었으나 그 모습이 더욱 든든하고 보기 좋지 않은가.

나이가 들면서 계절이 바뀔 때마다 일어나는 자연현상조차도 젊을 때와는 다른 의미와 감동으로 다가온다. 긴 겨울이 다 가기도 전, 꽃샘바람이 옷섶을 파고드는 어느 날 거리를 걷다가 문득 보도블록 틈새로 빠끔히 고개를 내미는 작은 생명을 만날 때, 그 강인한 삶의 의지에 고개가 숙여지며 살아 있는 모든 것에 대한 경외감으로 가슴이 뻐근해 온다. 그리고 무성하던 잎을 모두 떨어뜨리고 겨우내 숨죽이고 서 있던 나목의 가지에 갓 태어난 아기의 손톱보다 작은 새잎이 돋아난 것을 발견할 때, 새 생명의 탄생을 보는 듯한 감동에 가슴이 벅차오르기도 한다. 돋아나는 여린 연둣빛 새순들이 하루가 다르게 짙은 녹색으로 변화하며 성장하는 모습에 마음을 빼앗기게 된다. 그러다가 5월 어느 날 온 천지가 싱그러운 푸른 세상이 되어 있는 것을 발견할 때의 그 감동과 환희를 노년에 이르지 않고서야 어찌 맛볼 수 있으리.

또 손자라는 작은 존재가 가져오는 즐거움은 어떤가. 어린 손녀가 내 가슴에 와 안길 때 작은 심장의 팔딱임이 삶의 환희로 다가온다. 내 아이를 키울 때는 미처 온전히 맛보지 못했던 것, 작은 생명이 하루하루 성장해 가는 과정을 느긋하게 지켜보며 사랑을 흠뻑 퍼부울 수 있는 특권과 그 행복을 어찌 젊음이 줄 수 있겠는가.

잠에서 깨어나 눈부신 아침 햇살을 다시 만나면 내가 살아 있음이 축복으로 다가올 때가 있다. "언젠가 죽는다고 생각하면 가볍게 날아가는 까치도 다시 보인다."는 어느 작가의 말처럼 앞으로 남은 세월이 이제까지 살아온 세월보다 훨씬 짧음을 깨달을 때 하루하루가 더욱 소중하게 다가온다. 죽음이 아득히 멀리 있지 아니하고 바로 내 가까이 있음을 느낄 때, 순간순간이 더없이 귀한 보석처럼 여겨진다. 노년이야말로 현재를 마음을 다해서 살 수 있고 이 순간을 감사하며 누릴 수 있는 시기가 아닐까.

박물관에서 '조선시대 풍속화'를 보고 나오다가 오늘도 '불로문'을 통과했다. 이렇게 자주 이 문을 들락거리다가 영영 늙지 않으면 어쩌나 하고 마음에도 없는 걱정을 해본다.

(2004.)

편지 없는 우체통

얼마 전에 친구가 빛바랜 항공엽서 두 통을 들고 나왔다. 서랍 정리를 하다가 찾았다며 내가 오래전에 그에게 보낸 편지를 건네주는 게 아닌가. 복사해서 갖고 원본은 다시 돌려 달라는 토를 달면서. 하늘색이 많이 퇴색하기는 했지만 글씨는 분명 내 것이었다. 40여 년 전에 내가 쓴 편지를 받아들자, 공연히 가슴이 두근거리고 손은 가늘게 떨리고 있었다. 그 빛바랜 봉투를 선뜻 열기가 왠지 망설여졌다.

한 자 한 자 읽어 내려가다 보니 마치 타임머신을 타고 40여 년 전으로 돌아가는 듯했다. 오랜 세월 속에서 까마득하게 잊어졌던 내 지난 모습이 처음에는 무척 낯설었다. 몇 번을 되풀이해서 읽자, '아, 내가 그때 그런 생각을 했었군.' 하며 오래전의 내 모습이 비로소 다가오기 시작했다. 그때 세상을 바라보던 내 시각, 마음자리와 꿈의 편린들을 마치 열쇠 구멍을 통해 들여다보는 것 같았다.

대학을 졸업한 후에 10여 년을 외국에 나가 살면서 편지 쓰기는 내 생활의 일부였다. 1960년대만 해도 국제전화를 한다는 것은 감히 생각할 수도 없는 일이었고, 편지가 유일한 통신 수단이었다. 그 시절에 한국에는 전화가 가설된 가정이 그리 많지도 않았지만, 전화가 있는 집에서도 국제전화를 걸 수는 없었다. 우선 국제전화국에 가서 미리 신청을 해놓아야 했다. 그런 다음 예약된 날짜와 시간에 맞추어 가야만 외국에 전화를 걸 수 있었다. 그렇게 어렵게 외국에 있는 자식과 통화를 하게 되면 '눈물바람'에 몇 마디 말도 제대로 해보지 못하고 그 귀한 3분이 허망하게 지나가 버리기 일쑤였다. 요즘 젊은이들에게는 아마도 호랑이 담배 먹던 이야기로 들릴 테지만.

바다 건너에 있는 가족과 친구에게로 향한 사무친 그리움을 나는 파란 항공엽서에 풀어내곤 했다. 펜을 들고 있으면 내 편지를 받을 사람들이 느낄 반가움과 기쁨이 먼저 내 시린 가슴 한구석을 따듯하게 했다. 하늘색 엽서를 앞에 놓고 앉아 있는 시간은 나 자신을 돌아보는 성찰의 시간이며 사유의 시간이기도 했다. 이제와 생각해 보니 편지 쓰기가 내 글쓰기의 시작이 아니었나 싶다.

그리운 이들에게 편지를 보내고 답장을 기다리는 것은 내 삶에서 가장 큰 즐거움이었다. 편지가 있으리라고 기대하며 우편함을 열어 보다가 텅 비어 있는 날에는 그날 하루를 하릴없이 서성이곤 했다. 파란 항공엽서가 우편함에 비죽이 얼굴을 내밀고 있으면 반가움에 가슴이 콩닥거렸다. 선뜻 편지를 뜯지도 못하고 공연히 딴청을 부리기도 했다. 설레는 가슴을 진정시키고 조심스레 봉투를 열면, 그 속에 묻어 있는 그리운 이의 숨결과 체온이 내게 전해 오는 것 같았다. 한 자 한 자 써 내려간 낯익은 육필에서 그의 손길마저 느낄 수 있었다.

내 편지를 이제껏 간직하고 있는 그 친구와 나는 많은 편지를 주고받았다. 우리는 서로 가슴을 열고 내 안 깊은 곳에 있는 모습들을 편지에 담아서 보냈다. 탁월한 유머 감각과 정감이 넘치는 그의 글은 웃음과 감동을 동시에 내게 안겨주었다. 진솔한 그의 사연은 메마른 내 가슴을 촉촉이 적셔주었고 마치 외딴 섬에 표류한 사람 같은 내 외로움과 목이 타는 듯한 향수를 살갑게 달래주었다.

나는 그의 글재주가 아까워 늘 글을 쓰라고 권하면서도 우리가 주고받은 편지를 묶으면 한 권의 서간문집이 된다는 것을 그때는 미처 생각지 못했다. 당시에 그는 내 편지를 차곡차곡 모았다고 하는데 겨우 두 장만을 찾아냈다는 것이 못내 아쉽다.

전국에 있는 우체통 수가 줄어들고 있다고 한다. 라디오에서 그 보도를 들으며 이메일과 인터넷 문자메시지 시대가 된 오늘날에 당연한 일이라고 생각하면서도 아쉬운 마음을 떨쳐버리기 어렵다.

온갖 사연을 전해주던 빨간 우체통. 삶의 애환과 사랑과 꿈이 담긴 숱한 사연들은 얼마나 많은 사람들을 가슴 설레게 하고 눈물 짓게 했을까. 또 그로 인해 수많은 인연과 운명이 만나기도 하고 엇갈리기도 하지 않았을까.

길가에 서 있던 빨간 우체통은 초등학교 시절에는 내 키보다 컸던 것이 세월이 가면서 작아졌다. 내 키가 커지면서 상대적으로 작아 보인 것이 아니라 실제로 크기가 자꾸만 작아졌다. 이메일과 휴대전화 문자메시지 시대에 빨간 우체통은 옛 이야기 속의 우체통이 되어가고 있다. 우체통이 사라져 가는 오늘, 내 우편함 속에는 사랑이나 그리움을 담은 편지는 찾아볼 수 없고 판촉 우편물 아니면 반갑지 않은 고지서들뿐이다.

외출했다가 돌아올 때면 나는 아직도 습관처럼 계단 밑에 있는 우편함 앞에 멈춰 선다. 텅 빈 우편함은 알 수 없는 서운한 바람을 일으킨다. 파란 항공엽서를 기다리던 그때가 아득하게 그리워진다.

보낸 이의 숨결과 영혼이 담긴, 한 글자 한 글자를 정성껏 눌러 쓴 편지 한 통을 받고 싶다.

(2007.)

존재하는 모든 것에 대한 감사

—최제영 수필집 ≪그래도 오늘이≫를 읽고

이정림

≪에세이21≫ 발행인 겸 편집인·수필평론가

1.

마음의 고통에서 헤어나고 싶어 하는 사람들을 위한 치료 방법 중에 최면치료라는 것이 있다. 잊어버리고 싶어도 잊히지 않는 그 고통의 기억들을 감추고 억누르기보다는 차라리 드러내어 직시하게 함으로써 그것으로부터 해방될 수 있도록 도와주는 방법이다.

수필은 허구의 문학이 아니다. 그러기에 수필은 내면에 깊숙이 자리 잡고 있는 고통의 기억까지 수면 위에 떠오르게 하는데, 그 과정을 통하여 그것에서 벗어날 수 있도록 도와준다는 점에서 수필쓰기와 최면치료는 매우 흡사한 데가 있다.

"긴 세월을 산 사람들의 얼굴에는 그들이 살아온 삶의 내용과 역사가 고스란히 담겨 있"(〈얼굴에 대하여〉)듯이, 한 수필가의 작품세계를 들여다보면 그에게 상처로 자리 잡고 있는 내면의 이야기가 글 속에 침전되어 있음을 알게 된다. 얼굴이 곧 그 사람이듯이, 글 또한 그 사람임을 확인하는 순간이다. 그런 의미에서 수필은 숨길 수 없는 또 하나의 얼굴이라 할 수 있을 것이다.

2.

6·25전쟁은 우리 역사에서 삭제시키고 싶은 비극적인 사건이다. 그 전쟁이 얼마나 끔찍했으면 우리의 마음속에 남긴 상처와 기억들이 60년이 지난 오늘까지도 치유되지 못하고 있을까. 그러나 6·25로 인해 어머니와 딸이 2대에 걸쳐 원죄처럼 감수해야 했던 상처와 고통은 어느 개인의 잘못으로 인해서가 아니라, 역사의 수레바퀴에서 잘못 돌출된 나사못 하나가 그 원인이 되었기에 더욱 안타깝지 않을 수 없다.

열네 살 때 동갑내기였던 개구쟁이 신랑과 혼인을 한 후, 소꿉친구들은 남편을 '신여성'에게 빼앗겼어도 지아비를 꿋꿋이 지켜낸 어머니였다. 그러나 6·25라는 괴물은 그렇게 당당히 지켜낸 남편을 하루아침에 앗아가 버린다(〈항라 고쟁이〉). 인민군에게 끌려간 남편과 좌익운동을 하다가 월북한 큰딸과 제2국민병으로 소집되어 전쟁터에 나간 아들을 위해 이 어머니가 할 수 있는 일이란 기도밖에 없었을 것이다.

> 그런 극한 상황 속에서 어머니는 밤새도록 '천수경'을 외우셨다. (…)

집을 나가 있는 식구들이 무사히 돌아오기를 빌며 경을 외우지 않으셨다 면 어머니는 그 무서운 동지섣달 기나긴 밤을 어떻게 지내실 수 있었을까.

— 〈빌 데가 있어서 좋아〉 중에서

저녁이면 피곤한 눈을 비비며 여섯 아이들의 양말을 깁고, 스웨터를 짜고, 그 털실이 낡으면 풀어 덧버선을 짜야 하는 어머니의 손은 한시도 쉴 틈이 없었다(〈양말을 깁던 날〉).

여인으로서는 그런 시간들이 지아비를 기다리는 외로운 시간들이기도 했지만, 어머니로서는 그런 외로움과 눈물은 사치였을지도 모른다.

어머니가 영영 떠나시고 난 이 가을의 끝자락에서 어린 내가 미처 몰랐던 어머니의 아픔이 잔잔한 파도가 되어 가슴으로 밀려든다. '너희 아버지가 납북되신 후에 어린 너희들 데리고 살아가야 할 걱정 때문에 한 번도 울어보지 못했다.'고 하시던 어머니의 그 말씀이 명치끝에 매달린다. 두 살짜리 막내까지 육 남매를 데리고 살아가야 할 현실 앞에서 눈물은 아마 사치였으리라.

— 〈어머니의 반닫이〉 중에서

그러나 "언젠가는 만날지 모른다는 희망의 불씨를 꺼뜨리지 않"(〈기다림〉)았던 어머니의 기다림은 당신이 이승을 떠나는 날까지 50년 동안이나 지속되었으나, 끝내 그 기다림에 대한 응답은 얻을 수가 없었다.

이런 어머니 곁에서 한창 뛰어놀아야 할 열세 살 소녀는 점점 말이 없는 아이로 변해 갔다. 인민군이 서울을 점령하고 한 달 남짓 되던 날, 아버지는 "곧 다녀오리다."라는 말 한마디를 어머니에게 남기고 떠나신 후 영영 소식이 없고, 여대를 졸업하고 좌익운동에 가담했던 큰언니는 이념을 좇아 월북을 하는 이런 기막힌 환경 속에서 누가 알까 봐 마음 졸여야 할 일들이 너무도 많았기 때문이다. 그리고 어린 나이에 몰라도 될 많은 비극적인 일들을 직접 눈으로 보았기 때문이다.

느닷없이 닥쳐온 이 엄청난 불행은 나를 비밀이 많은 아이로 만들었다. 열세 살 계집아이가 수용하기 어려운 이 이율배반적인 사실을 누가 알게 되지 않을까 하는 두려움이 가슴을 짓눌렀다.

재잘거리기 잘하던 나는 납덩이를 삼킨 것같이 조용한 아이가 되어 갔다. 게다가 덕수궁 돌담 밑에서 인민군들의 시체가 가마니에 덮여 있는 것을 본 이후로는 더욱.

— 〈덕수궁 돌담길〉 중에서

사람들은 불행의 한가운데에서도 자신을 구출해 낼 수 있는 돌파구를 찾게 마련이다. 어린 나이에 엄청난 비밀을 품고 살아야 했던 이 소녀에게는 다행히 위로를 받을 수 있는 추억이 하나 있었다. 그것은 여섯 살 때 아버지와 온 식구가 처음으로 나들이를 한 기억이었다. 그날 캄캄한 밤중에 온 식구가 불빛이 환한 전차를 타고 행복한 모습으로 돌아오는 풍경은 소달구지에 두 아들과 아내를 태우고 가는 이중섭의 〈길 떠나는 가족〉을 연상케 한다.

6·25전쟁이 일어나고 아버지가 납북되신 후에 우리 가족이 겪은 숱한 어려움 속에서도, 그날 밤의 장면을 떠올리면 내 시린 가슴은 어느덧 따듯해지곤 했다. 아버지가 계신 동무들이 가슴이 아리도록 부러울 때면, 숨겨 두었던 알사탕을 몰래 꺼내서 빨아먹듯이 나는 불빛이 환하던 그 전차를 떠올리곤 했다.

— 〈어둠 속을 달리던 전차〉 중에서

그러나 열세 살 소녀의 마음속에는 아무도 모르게 콤플렉스가 들어앉게 된다. 콤플렉스는 음울한 바이러스처럼 내면 깊숙이 파고들며 자신을 위축시키고 타인을 경계하게 만든다. 그리고 그런 콤플렉스가 남의 눈에 띄게 될까 봐 전전긍긍하게 된다.

언니가 '빨갱이'라는 것을 누가 알까 봐서 가슴 졸인 세월이 얼마였던가. 그 끔찍한 세월이 나의 성장기였기에, 그것이 내 신체적 성장을 저해했는지도 모른다는 생각을 가끔 했다. 어린 나이에 겪은 그 아픔이 50년이라는 세월이 흐른 이 날까지도 나를 '레드 콤플렉스'에서 놓아주지 않고 있었던 것이다.

— 〈레드 콤플렉스〉 중에서

콤플렉스에서 해방되는 길은 그 콤플렉스를 안겨 준 대상과 화해를 하는 것이다. 많은 사람들이 아직도 6·25의 상흔에서 헤어나지 못하고 있지만, 레드 콤플렉스를 껴안고 살아가는 사람들에게 뜻밖에도 서광이 비치는 기회가 왔다. 2002년 월드컵 4강 진출이라는 기적이 이루어졌을 때, 이 땅의 거리는 온통 붉은색 물결로 넘쳐났었다. 붉은색 머리띠에 붉은색 티셔츠를 입고, 거리를 활보하는 수많은 인파를 보면서, 사람들은 무엇보다 그 붉은색에 경악을 금치 못했다. 붉은색 깃발과 완장의 공포에서 아직도 벗어나지 못하는 6·25세대들에게 그 붉은색의 물결은 놀라움이자 충격이었던 것이다.

붉은색은 원래 열정과 사랑의 색이었다. 그 아름다운 색이 이데올로기로 인해 공포의 색으로 변질되었던 암울한 세월을 우리는 지금껏 살아온 것이다. 다시 찾은 붉은색의 아름다운 의미 앞에서, 작가는 비로소 짓눌려 있었던 '레드 콤플렉스'에서 벗어나게 된다. 그에게 2002년은 "꿈은 이루어진다"는 슬로건이 빛난 해가 아니라, 그 오랜 가위눌림을 벗어버린 원년이었다는 점에 더 큰 의미가 있을 것이다.

이제 '빨강'은 나에게 더 이상 공포의 색이 아니다. 그것은 환희의 색, 희망의 색이 되었다. 오늘날까지 나를 옥죄고 놓아주지 않던 붉은 망령을 나는 가슴 저 밑바닥에서부터 토해내고 있었다. 목이 터져라 "대~한민국"을 외치는 함성과 함께 붉은 파도 속으로 그 끔찍한 망령을 몰아내면서 내 볼에는 뜨거운 눈물이 하염없이 흐르고 있었다.

— 윗글 중에서

작가의 어머니는 자식을 여덟을 낳아 일곱을 키우셨다. 그런데 자신은 하나밖에 낳지 못한 것이 아쉬웠는지 이 세상에 다시 태어난다면 또 한 번 여자로 태어나서 아기를 열 명쯤 낳고 싶다고 했다(〈쪽진 성모상〉). 그러면서 미국 명문대 여학생들의 꿈이 '전업 주부'라는 것을 원용(援用)한다. 그들의 꿈이 전업 주부인 것은, "훌륭한 엄마 노릇 하나만 하기도 어려운데, 성공적인 직장 여성까지 될 수는 없기 때문이라"(〈전업 주부가 꿈이라고?〉)고 한다. 평소 이 작가의 생각 또한 이들과 같았기에 자신의 고급 교육이 사장(死藏)되고 있다는 안타까움을 접고 기꺼이 전통적인 모성의 길을 택하기로 결단을 내린다.

고급 인력이 육아에 투입되는 것을 고급 두뇌가 사장되는 것이라고 사람들은 생각한다. 그러나 시각을 바꿔 보자. 육아는 사람을 만드는 일이다. 사실 그 일보다 더 중요하고 가치 있는 일이 어디 있겠는가.

나무를 튼실하게 키워서 좋은 목재를 만들듯이 아이들을 올곧게 키워 훌륭한 인재를 만드는 일이야말로 엄마의 고급 두뇌가 쓰여야 할 곳이 아닐까.

— 〈전업 주부가 꿈이라고?〉 중에서

어떤 종교를 가졌든, 교육 수준이 높든 낮든, 자식을 위해 빌고 싶은 마음은 모두가 같을 것이다(〈탑돌이를 하며〉). 무엇에 빈다고 해서 반드시 이루어지는 것이 아니라는 걸 잘 알면서도 '지성이면 감천'이라는 염원 하나를 심지처럼 붙들고 자식들에게 무조건적인 사랑을 베푸는 사람들이 바로 우리 어머니들일 것만 같다.

모정이란 본래 그토록 본능적이고 무조건적인 게 아닌가. 아마도 어머니라는 이름으로 불리는 모든 여인들은 지성인이라고 자부하는 현대의 여성이건, 초등교육도 제대로 받지 못했던 우리 할머니들이건, 모성이라는 시간과 공간을 초월하는 정서에서 벗어날 수 없는 운명을 타고났다는 생각이 나를 놓아주지 않았다.

— 〈탑돌이를 하며〉 중에서

그런 무조건적인 사랑을 베푸는 사람들이 어머니라 할지라도, 모든 어머니가 같을 수는 없다. 기를 수 없다는 이유 하나로 쉽게 자기 아이들을 시설에 맡기는 어머니들을 보면서, 작가는 모성 본능의 '퇴화', 모성 본능의 '폐기 처분'이라는 말로 이들을 질타한다. "동물은 제 새끼의 양육과 교육만은 철저하게 책임진다. 어미는 새끼에게 먹이를 구하는 방법을 가르치고 훈련시킨 다음에는 새끼가 홀로서기를 할 수 있다고 판단이 되면 가차 없이 그들을 독립시킨다"(〈고릴라 벤티〉).

그런데 인간과 동물의 다른 점 하나는, 인간은 자식들이 홀로서기를 원하면서도 장성하여 자식들이 부모 곁을 떠나려 하면, 한없는 아쉬움과 미련을 갖는다는 것이다. 어미 사자는 때가 되면 제 새끼를 매정하게 벼랑에서 밀어버린다는데, 인간은 품에서 떠나가는 자식을 언제까지나 곁에 두고 싶은 아쉬움을 놓지 못한다. 이런 이율배반적인 감정은 동물보다 못한 취약점이 아니라 인간적인, 너무도 인간적인 모성의 한 단면이 아닐까.

지성적인 이 작가에게서도 보통 어머니들이 갖는 그런 순박한 정서가 있음을 발견한 것은 의외로운 일이다. 어머니라면 누구나 자식을 향한 그 짝사랑을 버릴 수가 없는 모양이다.

진정한 자식 사랑은 그런 것이 아닐까. 그런데 그것이 내게는 왜 그리도 어려운지 알 수 없다. 20년 가까운 교육과정을 마치고 어엿한 사회인이 되어 제 둥지를 틀고 떠나가는 아들을 지켜보며 살점이 떨어져 나가는 아픔을 느끼다니. 그리고 알뜰살뜰 살아가는 자식이 한없이 대견하면서도 때로는 가슴 한구석에 알 수 없는 쓸쓸한 바람이 스치는 건 또 무엇인지. 이럴 때면 나는 어미 사자를 떠올리곤 한다.

— 〈고릴라 벤티〉 중에서

2010년 10월 13일, 69일 만에 칠레 산호세 광산의 700미터 지하에서 구출된 33명의 광부들은 '불사조'란 캡슐에서 걸어나오자마자 이렇게 외쳤다. "비바 칠레, 비바, 비바…." 그들을 구출해 준 조국 칠레에 대한 감사의 외침이었겠지만, 그 말을 달리 표현하면 "아, 나는 살았다!"가 될 것이다. 시인 이정하는 흔들리고 아프고 외로운 것도 살아 있음의 특권이라고 했다. "오늘 내가 괴로워하는 이 시간은/ 어제 세상을 떠난 사람에겐/ 간절히 소망했던 내일.// 지금 내가 비록 힘겹고 쓸쓸해도/ 살아 있음은 무한한 축복. (…)"

살아 있다는 것은 그 어떤 가치보다 값진 축복이다. 너무도 당연하여 미처 의식하지 못했던 그 축복을 느끼기 시작했다는 것은, 진정으로 감사한 것이 무엇인지를 알기 시작했다는 말이나 같다. 그리고 그 감사함은 자신을 낮추는 겸허의 미덕이 없으면 느낄 수 없는 지선(至善)의 감정이다.

심한 감기 몸살로 두어 주 동안 집 안에만 있다가 모처럼 뒷산에 올랐다. 온 세상은 찬란한 봄빛으로 빛나고 있었다. 등산로 양편에는 가냘픈 가지에 수줍게 얼굴을 내민 연분홍 진달래가 미소를 짓고 있었다. 내려오는 사람과 마주치게 되자 내가 먼저 "안녕하세요?" 하고 인사를 했다. 그러자 어떤 벅찬 느낌이 전율처럼 전신을 휘감으며 가슴으로 치밀어 올랐다. 생의 아름다움에 대한 감동이며 살아 있음에 대한 환희라고나 할까. 순간 하늘을 우러러 '감사합니다.'라고 메아리가 치도록 외치고 싶어지는 것이었다.

— 〈참 고맙구려〉 중에서

3.

나이가 적든 많든 오늘이 내 삶에서 가장 좋은 때가 아닐까. 삶은 과거나 미래에 있지 않다. 바로 지금, 이 자리에, 이렇게 살고 있는 것이 내 삶이다.

— 〈그래도 오늘이〉 중에서

비 오고 번개 치던 밤이 지나고 맞이하는 아침은 더없이 상쾌하다. 그 환란을 이겨냈기 때문이다. 오늘이 고맙고 찬란하게 생각되는 것은, 어제의 아픔과 고달픔에서 벗어났기 때문이다. 철도 들기 전에 6·25의 아픔을 먼저 겪어야 했던 소녀가 세월의 강을 넘어 맞이하는 오늘은, 누구보다 자유롭고 고마울 것이다. 전쟁의 상흔은 아직도 지워질 수 없는 문신처럼 남아 있지만, 세월은 그 아픔과 질곡에서 벗어날 수 있도록 도와주었기 때문이다.

"막차에 간신히 올라탄 기분으로 시작한 수필"(〈책머리에〉)이라

했지만, 시작의 시기는 중요하지 않다. 바로 현재, 오늘에 내가 존재하고 있고, 내가 현재 글을 쓰고 있다는 사실이 중요하기 때문이다. '오늘'이라는 시간은 살아 있는 사람에게만 허여(許與)되는 축복이 아니던가.

글을 쓰면서 한 발짝 물러선 방관자의 자세로 세상을 바라보던 시각이 관심과 애정을 갖고 들여다보는 깨어 있는 눈으로 바뀌는 것을 감지하게 되었습니다. 일상에서 스치듯 지나치던 작은 것들조차 새로운 모습과 의미로 다가오기 시작했습니다. 그러자 살아 있는 모든 것에 대한 경외감으로 머리를 숙이게 되고 내가 살아 있음이 축복임을 깨닫게 되었습니다.

— 〈책을 내면서〉 중에서